Leitura Facial
Prática para Principiantes

Richard Webster

Leitura Facial Prática para Principiantes

Aprenda a ler o rosto das pessoas e seja bem-sucedido em sua carreira e na vida pessoal

Tradução
Mirtes Frange de Oliveira Pinheiro

Editora
Pensamento
SÃO PAULO

Título do original: *Face Reading – Quick & Easy.*

Copyright © 2012 Richard Webster.

Publicado por Llewellyn Publications, Woodbury, MN 55125 – USA – www.llewellyn.com.

Copyright da edição brasileira © 2016 Editora Pensamento-Cultrix Ltda.

Texto de acordo com as novas regras ortográficas da língua portuguesa.

1ª edição 2016.

Todos os direitos reservados. Nenhuma parte desta obra pode ser reproduzida ou usada de qualquer forma ou por qualquer meio, eletrônico ou mecânico, inclusive fotocópias, gravações ou sistema de armazenamento em banco de dados, sem permissão por escrito, exceto nos casos de trechos curtos citados em resenhas críticas ou artigos de revista.

A Editora Pensamento não se responsabiliza por eventuais mudanças ocorridas nos endereços convencionais ou eletrônicos citados neste livro.

Ilustrações internas © Mary Ann Zapalac

Editor: Adilson Silva Ramachandra
Editora de texto: Denise de Carvalho Rocha
Gerente editorial: Roseli de S. Ferraz
Produção editorial: Indiara Faria Kayo
Editoração eletrônica: Join Bureau
Revisão: Vivian Miwa Matsushita

Dados Internacionais de Catalogação na Publicação (CIP)
(Câmara Brasileira do Livro, SP, Brasil)

Webster, Richard
    Leitura facial: prática para principiantes : aprenda a ler o rosto das pessoas e seja bem-sucedido em sua carreira e na vida pessoal / Richard Webster; tradução Mirtes Frange de Oliveira Pinheiro. – São Paulo: Pensamento, 2016.

    Título original: Face reading: quick & easy
    ISBN 978-85-315-1952-9

    1. Comportamento humano 2. Comunicação não-verbal (Psicologia) 3. Desenvolvimento humano 4. Fisiognomonia I. Título.

16-06677   CDD-138

Índices para catálogo sistemático:
1. Leitura facial: Estudo: Fisiognomonia   138
2. Traços do rosto: Estudo: Fisiognomonia   138

Direitos de tradução para o Brasil adquiridos com exclusividade pela
EDITORA PENSAMENTO-CULTRIX LTDA., que se reserva a
propriedade literária desta tradução.
Rua Dr. Mário Vicente, 368 – 04270-000 – São Paulo – SP
Fone: (11) 2066-9000 – Fax: (11) 2066-9008
http://www.editorapensamento.com.br
E-mail: atendimento@editorapensamento.com.br
Foi feito o depósito legal.

Para meu bom amigo
Shayne Thompson
"Rei da leitura do rosto"

Sumário

Introdução 9

Primeira parte: A arte de ler o rosto

Capítulo 1: Primeiro, o mais importante 15

Capítulo 2: As orelhas 41

Capítulo 3: As sobrancelhas e os olhos 59

Capítulo 4: O nariz 83

Capítulo 5: A boca e o filtro 97

Capítulo 6: A testa 113

Capítulo 7: As maçãs do rosto 129

Capítulo 8: O maxilar e o queixo 143

Capítulo 9: O cabelo e a linha do cabelo 153

Capítulo 10: Pintas 167

Capítulo 11: Apanhado geral 171

Segunda parte: Como ler as expressões faciais

Capítulo 12: Suas expressões falam mais alto 187

Capítulo 13: Sinais de mentira 229

Capítulo 14: A leitura do rosto no dia a dia 239

Conclusão 249

Apêndice: História da leitura do rosto 255

Notas 261

Leitura recomendada 269

Introdução

É uma indagação comum de todos os homens saber como, entre tantos milhões de rostos, não existe nenhum igual.
— SIR THOMAS BROWNE

Durante muitos anos, eu ganhei a vida como mágico. Como as pessoas estavam sempre me pedindo para fazer alguma demonstração, aonde quer que eu fosse, sempre tinha alguns truques que eu podia executar em qualquer lugar. Num desses truques, eu pedia a alguém que, com os braços para trás, escondesse uma moeda numa das mãos. Em seguida, a pessoa mostrava os dois punhos cerrados. Feito isso, eu dizia que ia fazer duas perguntas, e que ela podia mentir ou dizer a verdade. Eu apontava para uma das mãos e perguntava: "A moeda está nesta mão?" Ela respondia sim ou não. E eu perguntava: "Quando você disse não (ou sim), estava mentindo?" Então, eu dizia em qual das mãos a moeda estava.

Esse era um truque de mágica, e as respostas às minhas perguntas não importavam, pois eu já sabia onde estava a moeda. Com o tempo, descobri que não precisava apelar para nenhum estratagema, uma vez que quase sempre o rosto da pessoa me revelava em que mão estava a moeda.

Essa foi uma grande revelação. Eu passei a me interessar por leitura do rosto desde que assisti a uma palestra de Laura Rosetree, famosa fisiognomonista, no final da década de 1980. Mas eu nunca tinha pensado em combinar as expressões faciais de alguém com a leitura do rosto. De vez em quando, ainda digo para as pessoas em que mão está a moeda, mas agora faço isso de maneira autêntica, em qualquer lugar, a qualquer hora, somente "lendo" o rosto delas. Espero que você também seja capaz de fazer isso, e muito mais, depois de ler este livro.

Embora talvez não saiba, você já é um excelente fisiognomonista, pois consegue dizer se uma pessoa está feliz, triste, indecisa ou cansada; se ela é tímida, distante, amistosa, amorosa, confiável, liberal. Às vezes você pode se enganar, mas, em geral, a sua primeira impressão está correta.

Você também observa as feições faciais das pessoas e faz avaliações de caráter com base nelas. Velhos ditados, como: "não confie em ninguém que tenha os olhos muito próximos" ou "ele tem olhos sensuais" possuem algum fundamento.

Minha mãe nunca confiava em pessoas de olhos pequenos e brilhantes. Ela descrevia os olhos de alguém que estava com pensamentos maldosos como pequenos, redondos, escuros, maliciosos e brilhantes. Agatha Christie expressou isso vividamente em *Assassinato no Expresso do Oriente*: "O corpo... a jaula... – é tudo do mais respeitável que há... – mas o animal selvagem espreita através das grades".[1]

Ao longo de toda a sua vida, você tem formado uma opinião rápida e instintiva sobre todas as pessoas que conheceu. Com o auxílio deste livro, você poderá aprimorar essa capacidade e conhecer melhor a si mesmo e aos outros.

O livro se divide em duas partes. A primeira parte aborda a leitura tradicional do rosto. A segunda parte trata da arte de interpretar as dicas fornecidas pelas expressões faciais subconscientes. Quando você terminar de ler o livro, todas as suas interações ficarão mais harmoniosas e mais eficazes. Você conseguirá conhecer o caráter das pessoas pelo rosto delas, bem como identificar seus talentos e suas motivações e necessidades interiores. Você verá também que adquiriu um conhecimento muito maior sobre si mesmo. Conseguirá reconhecer qualidades negativas e revertê-las, descobrirá talentos que não sabia que tinha. Descobrirá também que suas interações com outras pessoas será mais agradável e fácil à medida que for mais tolerante e mais compreensivo.

Ler o rosto das pessoas, e suas expressões faciais, não é mais uma atividade marginal que pode ser ridicularizada e depreciada. Trata-se de uma habilidade que, uma vez aprendida, será extremamente útil. Você poderá usá-la para muitas finalidades, entre elas: conhecer o caráter de uma pessoa, descobrir se alguém está mentindo ou dizendo a verdade, estabelecer relacionamentos, resolver conflitos e descobrir a verdadeira natureza das pessoas. Você também será capaz de descobrir talentos desconhecidos, possivelmente, ao examinar seu próprio rosto. No mínimo, você vai aprender mais sobre si mesmo e apreciar o milagre que você é.

Tenha um espelho por perto durante a leitura do livro. Uma das melhores formas de aprender é usar o seu próprio rosto como guia. É bom também conferir o que você aprendeu com fotografias de pessoas que você conhece bem. Você ficará surpreso ao ver quanto vai aprender sobre si mesmo e sobre os outros.

Primeira parte

A ARTE DE LER O ROSTO

Capítulo 1

PRIMEIRO, O MAIS IMPORTANTE

Há misticamente em nosso rosto alguns personagens que trazem consigo o lema da nossa alma, de modo que aqueles que não conseguem ler o abecedário, conseguem ler a nossa natureza.
— SIR THOMAS BROWNE

Talvez você não saiba, mas é um excelente fisiognomonista. Desde que nasceu, você lê e interpreta rostos. E, na maior parte das vezes, leva apenas alguns segundos para fazer isso. Todos nós usamos expressões como: "semblante aberto", "rosto sério", "cara de intelectual", "bobão", "ele parece honesto" e "ele não inspira confiança". Até mesmo algo vago como: "Não sei o que é, mas tem alguma coisa nele que não me agrada", provavelmente está relacionado com o rosto da pessoa.

Em sua maior parte, as informações que nos levam a fazer esses comentários são inconscientes. Nós formamos até 90% da impressão que temos dos outros em quatro minutos, e 60% a 80% dela é fornecida pelo rosto e pela linguagem corporal.[1] Mal acabamos de conhecer uma pessoa e já decidimos se ela parece boa, arredia, agressiva, honesta ou simpática.

No entanto, tem gente que ainda acredita em velhas crenças, como: "quem tem olhos muito próximos um do outro não inspira confiança" e "quem tem nariz grande e bulboso bebe demais". Minha avó dizia que uma pessoa com uma pinta na bochecha direita seria feliz e bem-sucedida. Mas as coisas não seriam tão fáceis para uma pessoa com uma pinta na bochecha esquerda, pois ela só seria bem-sucedida com muito trabalho e esforço. Neste livro, você vai descobrir se essas velhas crenças são verdadeiras ou não.

Os cinco elementos

Os antigos astrônomos, astrólogos, geomantes, médicos e fisiognomonistas chineses usavam os cinco elementos: Madeira, Fogo, Metal, Água e Terra. Eles acreditavam que a interação desses cinco elementos havia criado tudo o que há no universo.

Os elementos podem ser dispostos de várias maneiras. O ciclo produtivo é criativo e mostra que cada elemento se origina do elemento que o precede: a Madeira queima e produz o Fogo. O Fogo produz a Terra. A Terra produz o Metal. O Metal pode ser liquefeito para produzir Água. A Água alimenta e produz a Madeira.

Cada um dos elementos tem diversas associações, como cor, estação do ano, direção e, convenientemente, do nosso ponto de vista, um tipo de rosto.

Madeira

Cor: verde
Estação: primavera
Direção: leste
Tipos de rosto: comprido, fino e retangular, mas com testa larga e têmporas indentadas. Nariz reto e sobrancelhas estreitas.
Palavra-chave do rosto: retangular

A Madeira é criativa, inovadora, sociável e altruísta. Pessoas com rosto de Madeira são otimistas, entusiasmadas e olham sempre para a frente. Elas são lógicas, bem organizadas, competitivas e disciplinadas. Gostam de assumir responsabilidades e trabalham com afinco. Elas também têm espírito de liderança e ficam frustradas sempre que se sentem tolhidas ou limitadas de alguma maneira. São pessoas boas, compreensivas e generosas por natureza.

Fogo

Cor: vermelho
Estação: verão
Direção: sul
Tipos de rosto: largo na porção média, com queixo pontudo, testa estreita e olhos brilhantes. Sobrancelhas e cabelos grossos.
Palavra-chave do rosto: triangular

O Fogo aquece e anima, mas também pode queimar e destruir. As pessoas com rosto de Fogo são corajosas, entusiasmadas, ardorosas, autocentradas, empáticas e inquietas. Essa inquietação interior costuma ser revelada por movimentos corporais rápidos, às vezes nervosos. As pessoas de Fogo gostam de estabelecer metas para si próprias, e também de correr riscos. Elas precisam de atividade constante para ser feliz.

Terra

Cores: marrom, amarelo
Estação: final do verão
Direção: centro

Tipos de rosto: grande, quadrado ou oblongo, maxilar forte, boca generosa e lábios grossos. Orelhas e nariz carnudos.
Palavra-chave do rosto: quadrado

Terra é paciente, honesta, metódica e justa. As pessoas com rosto de Terra gostam de rotina, são confiáveis, estáveis, práticas e conscienciosas. Elas não gostam de mudanças nem de acontecimentos inesperados. São também solidárias, pacientes, atenciosas, sensatas, discretas e amistosas. Elas têm tendência a ser rígidas e teimosas.

Metal

Cores: branco, dourado
Estação: outono
Direção: oeste
Tipos de rosto: oval, com maçãs largas na porção superior e nariz grande. Os cabelos são lisos e, em geral, os olhos são bastante expressivos.
Palavra-chave do rosto: oval

O Metal simboliza negócios, colheita e sucesso. As pessoas com rosto de Metal são sensíveis, idealistas, graciosas e criativas, mas também podem ser arrogantes, francas, autoritárias, irritadiças e ansiosas. Elas assumem cargos de autoridade e responsabilidade e ficam decepcionadas quando acham que alguma coisa não está perfeita.

Água

Cores: azul, preto
Estação: inverno
Direção: norte

Tipos de rosto: redondo, com testa larga, olhos grandes, queixo proeminente, orelhas grandes e cabelo grosso.
Palavra-chave do rosto: redondo

A Água tanto pode ser delicada (um chuvisco de verão) como violenta (um furacão). As pessoas com rosto de Água são solidárias, sensíveis, flexíveis e emotivas. Elas são boas conselheiras, pois gostam de ajudar os outros. Podem ser sonhadoras, intuitivas, tenazes e misteriosas. As pessoas com rosto de Água são adaptáveis e se ajustam facilmente aos altos e baixos da vida.

A maior parte das pessoas tem uma mistura de dois ou mais elementos. Entretanto, pode ser que você conheça uma ou outra cujo rosto é composto por um único elemento. Os elementos fornecem a primeira dica do caráter de alguém.

Obviamente, como existem vários formatos de rosto, poucas pessoas se encaixam perfeitamente num só elemento. Portanto, alguém pode ser Madeira/Fogo, por exemplo, Água/Metal ou qualquer outra combinação dos cinco elementos.

Outras maneiras de classificar um rosto

Ao longo dos séculos, os fisiognomonistas desenvolveram diversas maneiras de avaliar o rosto. Embora a fisiognomonia ocidental tenha surgido separadamente, sem qualquer contribuição do Oriente, ela também usava um sistema de cinco tipos de rosto.

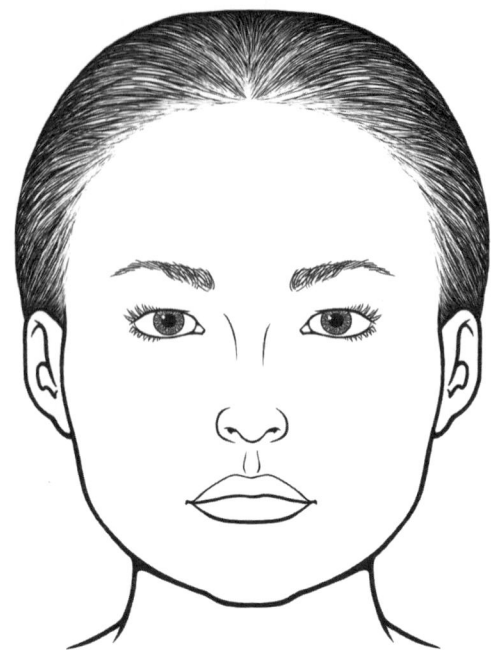

Redondo

Pessoas com rosto redondo têm boas habilidades sociais e conseguem se dar bem praticamente com todo mundo. Elas são autoconfiantes, confiáveis, cordatas e bem-humoradas. No entanto, podem ser impulsivas e, em geral, colocam uma ideia imediatamente em prática, em vez de dar tempo para que ela amadureça. Essas pessoas gostam de desfrutar de todos os confortos que a vida tem a oferecer e são generosas com aquilo que têm. Embora às vezes precisem ser motivadas, são espertas nos negócios e costumam ter sucesso financeiro. Elas também se saem bem trabalhando para outras pessoas e, em geral, assumem cargos de responsabilidade. São discretas em relação ao seu sucesso e, apesar de sentir prazer em lucrar com uma transação, raramente desejam obter reconhecimento por suas conquistas.

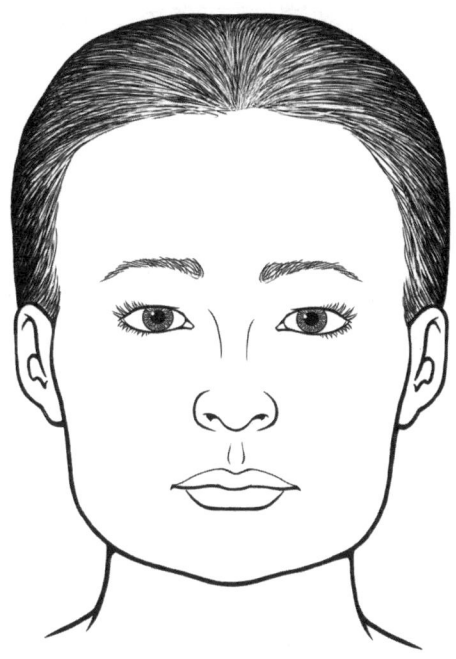

Quadrado e oblongo

Pessoas com rosto quadrado ou oblongo são práticas, habilidosas, têm os pés no chão e conseguem fazer praticamente qualquer coisa. Determinadas, pacientes e capazes de motivar os outros, elas obtêm sucesso com trabalho árduo e persistência. Na maior parte do tempo, sua cabeça rege o coração. Isso explica por que elas também podem ser rígidas, críticas e teimosas.

No verdadeiro rosto quadrado, a largura das têmporas é praticamente a mesma do maxilar. Essas pessoas são práticas e preferem trabalhar sem supervisão. Elas gostam de ensinar os outros a fazerem as coisas e, depois, dar oportunidade para que façam sozinhos. Em geral, elas assumem cargos de poder e prestígio.

Muitas pessoas que têm o rosto oblongo são grandes realizadoras. Elas estão dispostas a trabalhar com afinco e curtem bastante as recompensas do seu sucesso.

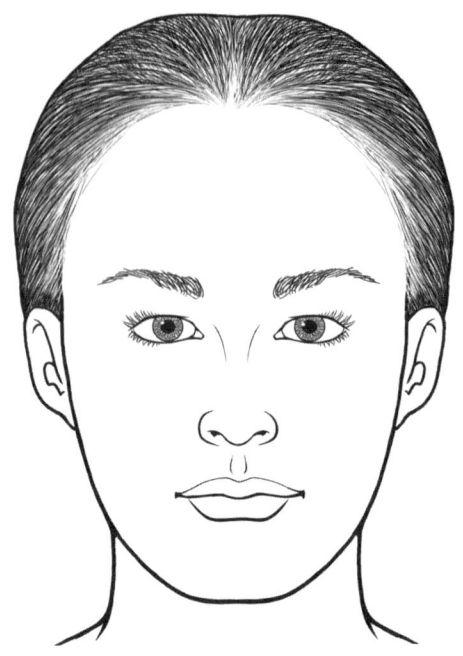

Oval

Pessoas com o rosto oval são amorosas, atenciosas, solidárias e empáticas. Graças ao seu raciocínio lógico, elas conseguem enxergar os problemas de todos os ângulos. Porém, como mudam de ideia com frequência, é difícil saber o que elas realmente pensam. Suas ideias são bem ponderadas e benéficas para todos os envolvidos. São pessoas altamente intuitivas e capazes de avaliar rapidamente os outros. Seu principal problema é terminar o que começam.

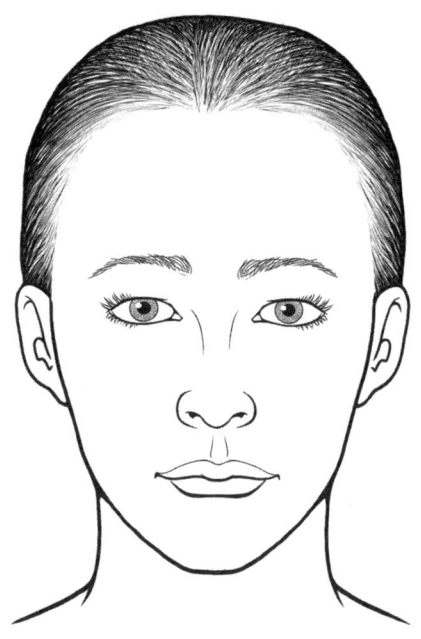

Triangular

Pessoas com o rosto triangular têm a linha da testa mais larga e o queixo estreito e pontudo. Suas feições são pontiagudas e angulares. Elas são curiosas, têm uma mente inquisitiva e uma grande gama de interesses. Entretanto, ficam entediadas facilmente, e vários desses interesses não duram muito. Elas têm bastante imaginação e não hesitam em bordar ou exagerar uma história para torná-la mais atraente. Essas pessoas preferem fazer suas próprias coisas e, em geral, não ficam nem um pouco à vontade em reuniões sociais. Por causa da sua natureza crítica, elas têm dificuldade de fazer muitas amizades verdadeiras. São inteligentes e questionadoras, e isso as ajuda a obter sucesso. Muitos intelectuais se encaixam nesse grupo, mas a maioria das pessoas com rosto triangular não pertence à área acadêmica. Elas usam seu cérebro ativo em várias áreas em que podem tirar proveito das suas habilidades analíticas.

Quando o queixo é estreito, mas não pontudo, a pessoa é afetuosa, afável, criativa e, em geral, bastante inteligente e estudiosa.

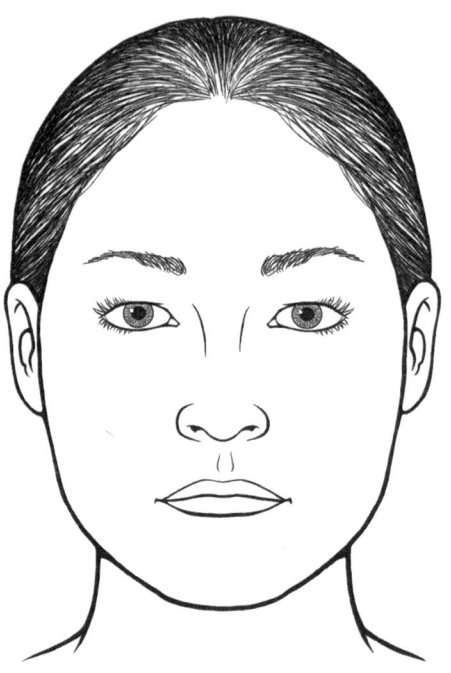

Cônico

Pessoas com rosto cônico têm têmporas largas e queixo quadrado ou arredondado. Esse tipo de rosto não é tão anguloso como o triangular. Essas pessoas são inteligentes, criativas, alegres e diplomáticas; elas se dão bem com os outros, mas têm dificuldade de defender seu ponto de vista. Consequentemente, costumam ceder, em vez de argumentar a favor do que realmente acreditam. Elas são boas administradoras, porém conservadoras e avessas a mudanças. Gostam de ficar sozinhas e costumam ter *hobbies* solitários.

Rostos mistos

Às vezes é fácil classificar um rosto como redondo ou oblongo, mas outras vezes não. Por exemplo, pode ser difícil dizer se o rosto de alguém é redondo ou oval, ou então triangular ou cônico. Nesses casos, a pessoa combina as qualidades de diferentes formatos de rosto. Eis alguns exemplos:

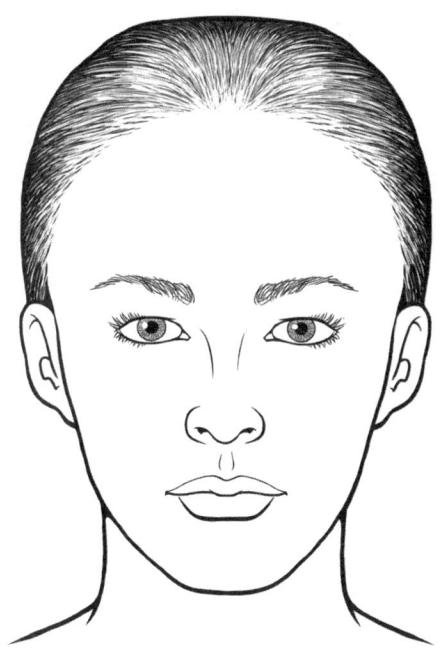

Redondo-triangular

As pessoas que se encaixam nessa categoria têm têmporas largas que se afundam para dentro, criando um formato triangular. Entretanto, em vez de pontudos, o queixo e o maxilar são arredondados.

Essas pessoas têm a mentalidade do tipo triangular e o tino comercial do tipo redondo. Elas são autoconfiantes e positivas, mas às vezes deixam de agir, pois são sensuais e podem facilmente ser desviadas de seus propósitos.

Essa categoria também abrange pessoas com a parte superior do rosto arredondada e o queixo pontudo. Perspicazes e criativas, elas agem com rapidez e são bem-sucedidas nos negócios.

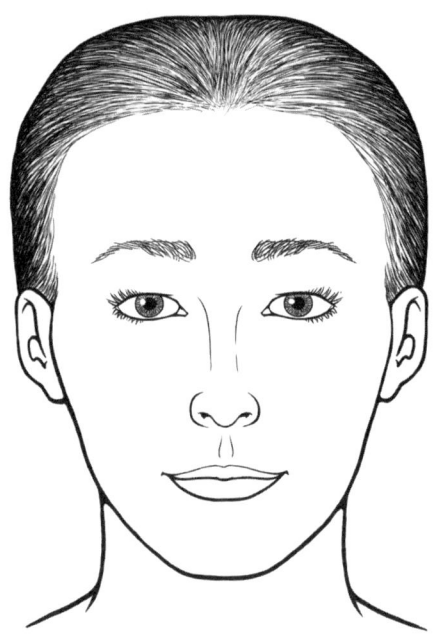

Triangular-quadrado

As pessoas que pertencem a essa categoria têm as têmporas largas, as laterais do rosto estreitadas e o maxilar quadrado. Elas conseguem ter boas ideias e colocá-las imediatamente em prática. Versáteis, podem passar facilmente de uma atividade para outra. Perspicazes, são as primeiras a aderir às tendências.

Essa categoria também inclui o rosto quadrado com queixo estreito e pontudo. As pessoas que têm esse formato de rosto pensam rápido e aprendem com a experiência. Em geral se dão bem na vida, pois fazem planos claros e lógicos, que colocam em prática.

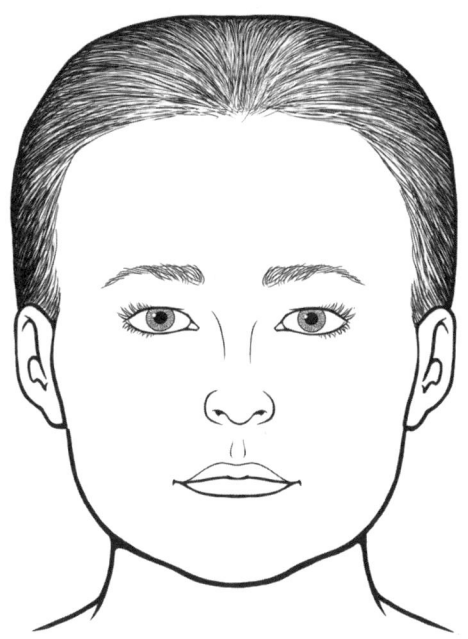

Quadrado-redondo

As pessoas que se encaixam nessa categoria têm o rosto quadrado ou oblongo, com queixo e maxilar mais largos e arredondados. Elas são felizes, sociáveis, ativas e aproveitam ao máximo suas oportunidades. Embora se deem bem com quase todo mundo, estão sempre procurando maneiras de se beneficiar.

Essa categoria também inclui pessoas com rosto redondo que termina com um maxilar quadrado. Elas são tolerantes, generosas, cordatas e indulgentes. Embora costumem ser preguiçosas, elas agem rapidamente e trabalham com afinco quando surge uma oportunidade de negócios.

Três tipos de rosto

Muitos fisiognomonistas reduzem os formatos de rosto a três: quadrado, redondo e triangular.

Quadrado

Esse é o formato de rosto de pessoas autoconfiantes que conseguem influenciar e liderar outras. Práticas e determinadas, elas têm grande força de vontade e se interessam por esportes.

Redondo

Pessoas com rosto redondo são expansivas, sociáveis, entusiásticas e adaptáveis. Elas gostam do que há de melhor e se dedicam aos seus interesses com grande paixão e energia.

Triangular

Pessoas com rosto triangular são pensadoras e sonhadoras. Em épocas diferentes, podem ser um ou outro. Elas têm bastante imaginação e costumam exercer funções criativas. Quando jovens, às vezes elas são contidas por não confiarem em si mesmas.

É melhor escolher um desses sistemas e aprendê-lo bem. Depois de dominá-lo, experimente outras classificações de tipos de rosto. Assim você conseguirá dizer se uma pessoa tem rosto oval, se outra tem rosto de Água e outra, ainda, rosto triangular.

Parte de trás da cabeça

Existem dois aspectos que são determinados por uma análise da parte de trás da cabeça: o seu formato e a sua largura.

Formato da cabeça

Existem três formatos principais de cabeça: redondo, quadrado e ovalado.

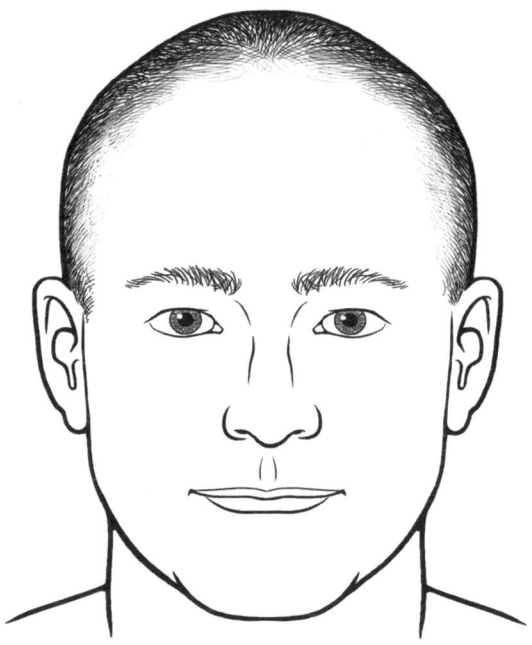

Cabeça redonda

As pessoas com o topo da cabeça em formato semicircular confiam na capacidade que elas têm de correr riscos calculados. Apesar de se darem bem com os outros, podem ser agressivas quando provocadas.

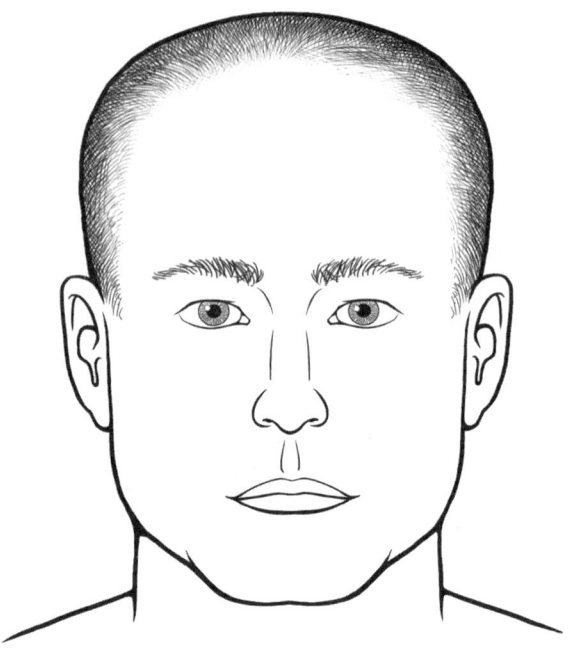

Cabeça quadrada

As pessoas que têm o topo da cabeça plano e as laterais razoavelmente retas são cautelosas, cuidadosas e confiáveis. Elas refletem bastante antes de agir; porém, depois que tomam uma decisão, agem com firmeza.

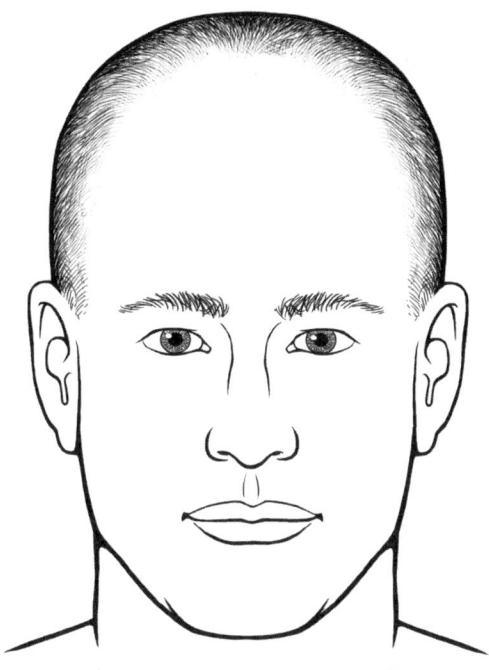

Cabeça ovalada

As pessoas que têm uma cabeça cônica com formato semelhante ao do ovo são intuitivas, adaptáveis, diplomáticas, discretas e flexíveis. Elas conseguem se adaptar a qualquer situação e tirar o melhor proveito dela. Em geral, essas pessoas têm uma imagem bastante positiva de si mesmas.

Largura da cabeça

É preciso prática para determinar se uma cabeça é larga ou estreita. De modo geral, a cabeça das pessoas tem uma largura média, o que significa que a interpretação do formato (redonda, quadrada ou ovalada) se encaixará muito bem nelas. Quando a altura e a largura são mais ou menos semelhantes, dizemos que a cabeça é larga. As pessoas com cabeça estreita parecem ter o rosto comprido, porque a altura (do maxilar até o topo da cabeça) é visivelmente maior que a largura.

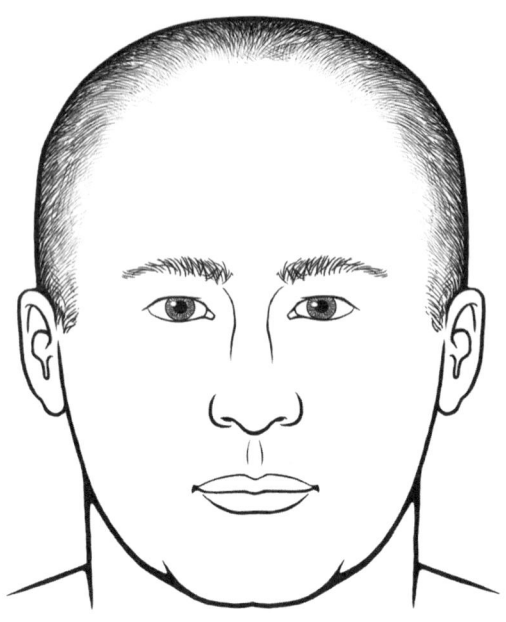

Cabeça larga

Essa característica revela determinação, ambição e disposição para fazer o que for preciso para obter sucesso. Essas pessoas projetam uma imagem de confiança, não importa como estejam se sentindo por dentro.

Pessoas com cabeça larga são argutas, expansivas, competentes e inquietas. Elas sentem necessidade de estar ocupadas e gostam de assumir o comando. Preferem a visão global e tendem a ignorar os detalhes mais sutis.

Pessoas com cabeça larga e redonda são firmes e diretas por natureza. Em geral elas conseguem minimizar isso com seu charme natural. Porém, algumas não conseguem e tendem a se impor e a intimidar os outros.

Pessoas com cabeça larga e quadrada são exigentes, difíceis, controladoras e hostis. Elas gostam de dar ordens, mas não de receber ordens.

Pessoas com cabeça larga e ovalada costumam refletir com profundidade e gostam de aprender tudo o que podem sobre qualquer coisa que lhes interesse.

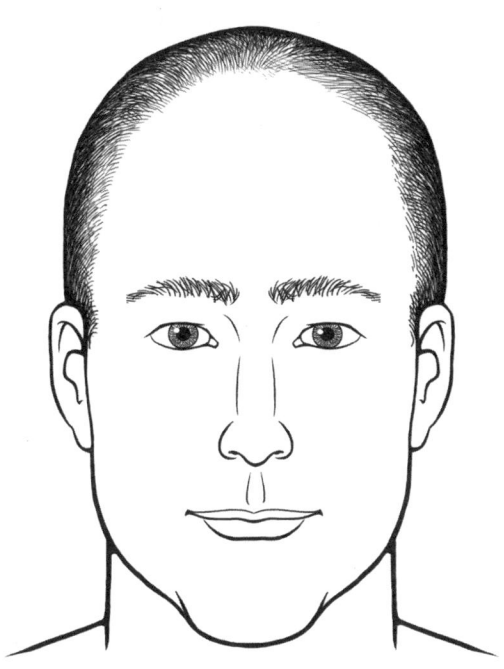

Cabeça estreita

Cabeça estreita é sinal de moderação e autocontrole. Muitas pessoas com cabeça estreita são introvertidas, e a maioria evita exposição pública. Consequentemente, elas têm de batalhar para exercer cargos elevados e que conferem autoridade, pois seu comportamento às vezes representa um empecilho. Embora não haja nada que possam fazer em relação ao formato da própria cabeça, elas podem aumentar suas chances de promoção prestando atenção à sua postura e usando roupas que denotem poder e sucesso.

Pessoas com cabeça estreita e redonda se preocupam com o que os outros pensam, o que as impede de alcançar seus objetivos. Elas adquirem autoconfiança por meio da experiência e geralmente relutam em tentar alguma coisa nova ou à qual não estejam familiarizadas.

Pessoas com cabeça estreita e quadrada têm dificuldade de dizer não e, portanto, sempre acabam fazendo o que os outros querem. São excessivamente cautelosas e contidas.

Pessoas com cabeça estreita e ovalada não fazem grandes conquistas, mas ficam muito felizes quando atingem pequenos objetivos, pois isso melhora a imagem que elas têm de si mesmas.

Divisões do rosto

O rosto pode ser analisado de várias maneiras. Os dois métodos mais usados são dividir o rosto em duas partes no sentido vertical e em três partes no sentido horizontal.

Os dois lados do rosto

Os dois lados do rosto representam o conceito milenar chinês de *yin-yang*. Yin e *yang* são os fatores de equilíbrio e harmonia do universo. São energias opostas, e uma não pode existir sem a outra. Noite e dia é um exemplo. Se não houvesse a noite, não poderia existir o dia. As listas de opostos eram usadas com frequência para demonstrar o *yin* e o *yang*, e não para defini-los. Outros exemplos são: para cima e para baixo, masculino e feminino, vivo e morto, alto e baixo, preto e branco. O popular símbolo de *yin* e *yang* é um círculo contendo o que parece ser um par de girinos. Dentro do girino branco (*yang*) tem um olho preto (*yin*), e dentro do girino preto (*yin*) tem um olho branco (*yang*), para mostrar que existe *yin* dentro de cada yang, e *yang* dentro de cada *yin*.

O lado esquerdo do seu rosto indica o seu eu interior, mais íntimo. Ele mostra como você se relaciona com a sua família e com seus amigos mais próximos. Revela também a influência do seu pai na sua vida. O lado direito revela a sua personalidade externa, ou o rosto que você mostra para o mundo. Esse é o rosto que as pessoas veem quando o conhecem ou com o qual interagem no seu trabalho. Mostra também a influência que a sua mãe teve na sua vida.

Hoje em dia, provavelmente é mais correto dizer que o lado esquerdo do rosto indica a importante influência masculina na vida de uma pessoa durante o seu período de desenvolvimento, enquanto o lado direito indica a importante influência feminina.

Em geral, o rosto não é simétrico quando o dividimos mentalmente ao meio no sentido vertical. Os olhos podem variar no tamanho e no formato, o nariz pode se inclinar mais para um lado, uma orelha pode ser mais alta, mais baixa, maior ou mais saliente do que a outra e assim por diante. Um amigo meu tem a maçã do lado esquerdo do rosto mais proeminente que a do lado direito. Essa é uma indicação da forte influência paterna durante o seu período de desenvolvimento.

É mais fácil notar as diferenças em cada metade analisando pares de características, como olhos, sobrancelhas, orelhas, narinas e maçãs do rosto.

Você conseguirá não apenas identificar os traços herdados de cada um dos pais, mas também dizer quais são os traços que a pessoa quer exibir para o mundo (lado direito) e quais são os traços que ela quer manter para si mesma (lado esquerdo).

Antes que tenha aprendido todos os princípios básicos da leitura do rosto, pode ser que você ache mais fácil ler apenas um lado do rosto de alguém, para não ficar confuso com as contradições que descobrirá em quase todo mundo. Consequentemente, se você estiver lendo o rosto de um amigo ou olhando para o rosto de alguém com quem você está pensando em iniciar um relacionamento, analise o lado esquerdo. Se for um colega de trabalho, analise o lado direito.

As três zonas

O rosto também pode ser dividido em três partes no sentido horizontal, conhecidas como zonas. Entretanto, isso só é possível depois que o rosto da pessoa para de crescer, o que ocorre por volta dos 20 anos de idade. Se você olhar a cabeça de um bebê, notará que a testa é a parte dominante do rosto. Aos poucos, a parte média que contém o nariz se desenvolve e, por fim, no início da vida adulta, a terceira parte (queixo, lábios e boca) tornam-se totalmente desenvolvidos.

A primeira zona começa na linha do cabelo, ou onde a linha do cabelo estaria no caso de pessoas com entradas, e acaba imediatamente acima das sobrancelhas. Essa parte é chamada de "zona analítica".

A segunda zona começa nas sobrancelhas e termina imediatamente abaixo do nariz. Essa parte é chamada de "zona da ambição".

A terceira zona começa imediatamente abaixo do nariz e termina embaixo do queixo. Essa parte é chamada de "zona prática" e, às vezes, de "zona de aterramento".

Na maior parte das pessoas, uma zona é maior que as outras. Como a diferença pode ser extremamente sutil, é preciso prática para identificar essa zona. No entanto, depois que você começar a olhar o rosto das pessoas dessa maneira, descobrirá que se torna automático.

Você também encontrará pessoas com duas zonas visivelmente maiores que a terceira, ou então todas as três zonas mais ou menos do mesmo tamanho. Curiosamente, essa última combinação é rara.

Você conseguirá determinar qual é a sua zona mais forte olhando-se no espelho enquanto coloca o dedo indicador de uma das mãos em cima das sobrancelhas e o da outra mão embaixo do nariz. Você também pode medir as diferentes zonas com o auxílio do polegar e do indicador.

Zona analítica

As pessoas que têm a zona analítica forte gostam de pensar antes de tomar uma decisão. Por esse motivo, essa zona às vezes é chamada de zona intelectual. Essas pessoas gostam de avaliar, analisar e estudar. A maioria das suas decisões é tomada com base na lógica. Elas também adoram ideias e pensamento abstrato, e têm muita imaginação.

Na tradicional fisiognomonia chinesa, uma zona analítica grande indica infância e início da vida adulta felizes (do nascimento aos 28 anos).

Zona da ambição

As pessoas que têm a zona da ambição forte mantêm os pés no chão e não se deixam levar por fantasias. Elas usam uma abordagem pragmática e estão preparadas para trabalhar com afinco para melhorar de situação. Elas também gostam das consequências do sucesso, como dinheiro, *status* e a possibilidade de desfrutar de tudo o que há de melhor. Na juventude, podem ser aventureiras, mas tornam-se mais cautelosas à medida que ficam mais velhas. As pessoas com uma zona da ambição forte muitas vezes têm um ar de dignidade e nobreza, que os outros conseguem identificar facilmente.

Na tradicional fisiognomonia chinesa, uma zona da ambição grande indica sucesso na meia-idade (dos 29 aos 50 anos). Vladimir Putin é um bom exemplo de alguém com zona da ambição dominante.

Zona prática

As pessoas que têm a zona prática forte mantêm os pés firmes no chão. Elas se sentem seguras, competentes e no controle. Embora possam negar qualquer interesse em assuntos de paranormalidade, elas costumam confiar em seus instintos para tomar decisões. Essas pessoas também se sentem seguras em sua sexualidade. Na verdade, essa área às vezes é chamada de "Zona da Terra", pois essas pessoas têm uma abordagem física, apaixonada e sensual à vida.

Na tradicional fisiognomonia chinesa, uma zona prática grande indica velhice feliz (51 a 75 anos). Obviamente, uma pessoa de 75 anos não é considerada propriamente velha nos dias de hoje, mas na China antiga era uma idade avançada. Portanto, a zona prática representa a vida da pessoa dos 51 anos até o dia da sua morte. Na China, a velhice é considerada uma época afortunada, e os idosos são respeitados e cuidados. Esse também é um período em que essas pessoas obtêm mais sucesso. O presidente do Zimbábue, Robert Mugabe, é um bom exemplo de alguém com zona prática grande.

Nenhuma zona é melhor do que outra. Quem tem todas as três zonas do mesmo tamanho é equilibrado e de fácil convívio. Entretanto, quem tem uma zona predominante sobre as outras possui uma área de força que pode ser usada em seu benefício.

Vamos supor que você está pensando em se mudar para outra cidade. Se a sua zona analítica for predominante, você vai escolher a nova cidade cuidadosamente. Vai estudar os dados demográficos de vários bairros, verificar a estatística da criminalidade, examinar as possíveis oportunidades de trabalho e procurar obter informações sobre a reputação e a qualidade das escolas, bem como sobre a existência dos serviços de que precisa. Antes de decidir em que parte da cidade vai morar, vai pesquisar sobre as lojas, o transporte público e as distâncias que terá de percorrer todos os dias. Depois que tiver feito isso, vai conversar com vários corretores de imóveis e escolher aquele que lhe der as informações mais detalhadas.

Agora vamos supor que você tem uma zona da ambição forte. Você vai examinar as oportunidades de trabalho e determinar se a mudança será vantajosa em termos financeiros. Vai pesquisar sobre o custo de moradia e decidir se deve comprar ou alugar uma casa. Além disso, vai verificar as oportunidades de trabalho autônomo e de investimentos. Antes de comprar determinada casa, vai averiguar os custos com aquecimento e ar-condicionado.

Por fim, vamos supor que você tenha uma zona prática forte. Depois de tomar a decisão de se mudar, vai querer agilizar as coisas. Provavelmente vai confiar em seus instintos para escolher a casa e o bairro em que vai morar. Como você tem uma abordagem prática, vai determinar rapidamente quais são as reformas que precisarão ser feitas para adequar a casa às necessidades da sua família. Você agirá rápido; possivelmente vai olhar a casa de manhã e fechar o negócio no mesmo dia.

Minha esposa e eu compramos a casa em que moramos com a ajuda de um corretor de imóveis chinês que estava no país havia poucos anos. Todos os anos, desde que começara, ele era eleito o melhor corretor da imobiliária.

Foi ótimo fazer negócio com ele, pois era paciente e não ficava fazendo pressão. Ele parecia querer realmente nos ajudar a encontrar a casa perfeita para as nossas necessidades. Quando perguntei o que ele fazia para ser o melhor corretor da imobiliária todos os anos, ele riu e me disse que estudava o rosto das pessoas. Estava preparado para fornecer todos os detalhes que o comprador com zona analítica predominante precisava. Ele dava todas as informações de ordem financeira e material que o comprador com zona da ambição predominante pedia. Finalmente, estava pronto para redigir um contrato na hora quando via os sinais certos no rosto do comprador com zona prática predominante. A vantagem "oculta" que esse corretor tinha provavelmente lhe rendia centenas de milhares de dólares por ano.

Esferas de influência

O rosto também se divide em oito áreas que regem vários aspectos da vida.

1. TESTA – CARREIRA: a testa está relacionada com a vida profissional. Uma testa lisa é sinal de sucesso na profissão. A existência de qualquer deformidade indica problemas e dificuldades nessa área e é sinal de progresso lento.
2. ESPAÇO ENTRE AS SOBRANCELHAS – AMBIÇÃO: o espaço entre as sobrancelhas revela o grau de determinação e ambição da pessoa. Essa área deve ser larga, lisa e clara. Quando é estreita, a pessoa é sociável, mas não tem muita ambição. Quanto maior essa área, mais afável, generosa e indulgente é a pessoa.
3. ÁREA IMEDIATAMENTE ACIMA DAS SOBRANCELHAS – FAMÍLIA: essa área deve ser lisa, clara e livre de quaisquer marcas. Ela está relacionada com a vida familiar, com o amor entre os membros da família e com a influência que a família tem sobre a pessoa. Está relacionada também com heranças.

4. BORDA EXTERNA DOS OLHOS – CASAMENTO: a borda externa dos olhos deve ser clara e sem nenhuma imperfeição. Essa área está associada a um relacionamento longo e harmonioso.
5. MAÇÃS DO ROSTO – SOCIEDADE: as maçãs do rosto estão relacionadas com a sociedade e com os amigos de modo geral. Se forem bem marcadas, a pessoa terá amizades fortes e duradouras e viverá bem em sociedade.
6. NARIZ – SAÚDE, DINHEIRO E SORTE: a área entre os olhos, que inclui a ponte do nariz, está relacionada com a saúde. Se essa área for larga, a pessoa gozará de boa saúde. Se for estreita, ela terá vários problemas de saúde sem gravidade. O restante do nariz está associado com dinheiro e sorte. Consequentemente, talvez o velho ditado esteja certo: "ele tem faro para os negócios". A presença de qualquer deformidade indica altos e baixos financeiros e flutuações na sorte. Narinas abertas e claramente visíveis indicam má sorte no terreno financeiro. Os chineses dizem que o nariz é parecido com um cofre. Se for largo na parte de cima, vai guardar muito dinheiro. Um nariz grande pode guardar mais dinheiro que um nariz pequeno. Narinas grandes e abertas deixam o dinheiro escapar.
7. ENTRE A BOCA E O NARIZ – CONFORTO. O QUEIXO – LAR: as áreas situadas acima e abaixo da boca estão relacionadas com a vida familiar. Se forem lisas, a pessoa terá uma vida familiar estável, confortável e feliz. A existência de qualquer imperfeição indica problemas nesses aspectos.
8. LADOS DIREITO E ESQUERDO DA TESTA – VIAGEM: essas áreas revelam quanto a pessoa vai viajar e o que ela ganha ao conhecer outras culturas.

Agora que analisamos o rosto como um todo, vamos analisar as características individuais, a começar pelas orelhas.

Capítulo 2

AS ORELHAS

*Mostra-me a tua orelha e eu te direi quem és,
de onde vens e para onde vais.*
— DR. AMÉDÉE JOUX

Existem orelhas de todos os tamanhos e formatos. Elas não podem ser interpretadas somente de frente. Mesmo que sejam salientes como "orelhas de Dumbo", ou "orelhas de abano", precisam ser analisadas de perfil.

Tradicionalmente, as orelhas grandes sempre foram consideradas como sinal de sabedoria e inteligência. Essa é a única parte do rosto que continua a crescer ao longo da vida; motivo pelo qual muitas pessoas idosas têm orelhas enormes.

Na leitura de rosto tradicional chinesa, as orelhas estão relacionadas com os rins e com o período compreendido entre a concepção e os 13 anos de idade.

Orelhas grandes e pequenas

Algumas orelhas são visivelmente grandes, enquanto outras parecem minúsculas. Às vezes é difícil determinar se as orelhas de uma pessoa são grandes ou de tamanho normal, pois é preciso compará-las com o comprimento do rosto. Consequentemente, orelhas que parecem grandes no rosto de uma pessoa podem ter tamanho normal no rosto de outra.

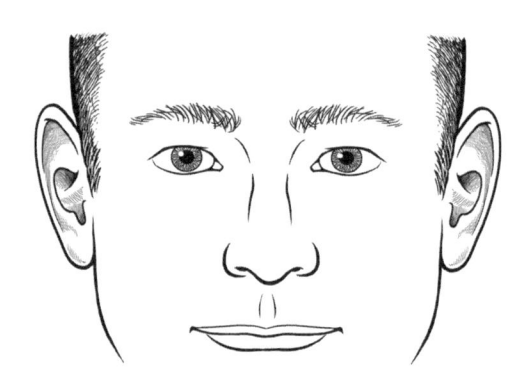

Orelhas grandes

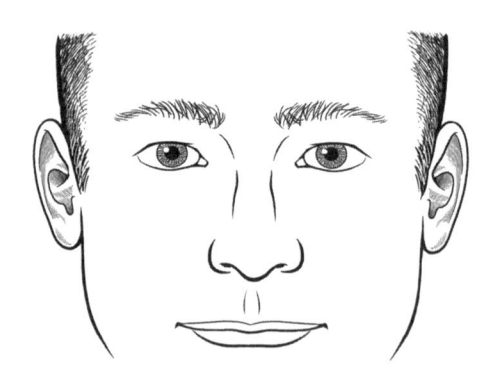

Orelhas pequenas

As orelhas são consideradas grandes quando um número equivalente a até quatro orelhas cabe dentro do rosto da pessoa, do queixo até o final da testa. Quando esse número é de cinco ou seis, a orelha é considerada de tamanho normal, mas acima disso é considerada pequena.

Na China, orelhas grandes eram consideradas um sinal de longevidade e boa sorte, sobretudo quando os lóbulos também eram grandes e carnudos. Shou Xing, o deus da longevidade na mitologia chinesa, sempre é retratado com orelhas extremamente longas. Orelhas grandes também eram sinal de vigor e energia. Os lóbulos das orelhas do Buda eram enormes, sinal do seu desenvolvimento espiritual e *status* elevado.

Pessoas com orelhas grandes são líderes natas e estão dispostas a assumir o comando quando necessário. São também expansivas, sociáveis e sensuais. Elas estão preparadas para correr riscos que assustariam alguém com orelhas menores.

As pessoas com orelhas de tamanho médio são razoavelmente expansivas. São também cautelosas e só assumem riscos depois de pensar bastante.

As pessoas com orelhas pequenas são ponderadas, prudentes, introvertidas e discretamente ambiciosas.

As pessoas com orelhas de tamanho visivelmente diferente têm uma vida repleta de altos e baixos. Curiosamente, muitas delas obtêm sucesso quando são mais velhas, depois de terem aprendido a lição a duras penas.

As orelhas também podem ser largas ou estreitas. Pessoas com orelhas largas estão preparadas para correr riscos calculados. Pessoas com orelhas estreitas são muito mais prudentes e avaliam a situação cuidadosamente antes de agir.

Quando a metade superior da orelha é maior ou mais larga que a metade inferior, a pessoa tem um bom cérebro e excelente memória. Quando a porção média da orelha é mais larga que a porção superior ou inferior, a pessoa é criativa e inventiva. Quando a metade inferior é longa, larga e carnuda, a pessoa é solidária e tem um grande coração.

Formato da orelha

Depois que você começar a observar a orelha das pessoas, descobrirá que elas podem ser muito diferentes. No entanto, de modo geral o formato externo da orelha pode ser descrito como redondo ou quadrado.

Quando as orelhas são redondas ou arredondadas, a pessoa é extrovertida, sociável, positiva, confiável e imaginativa. Frédéric Chopin (1810-1849), compositor e pianista polonês, tinha orelhas redondas.

Quando as orelhas são "aquadradadas", na parte superior, na lateral e nos lóbulos, a pessoa é astuta, perspicaz, tem raciocínio rápido e consegue fazer várias coisas ao mesmo tempo.

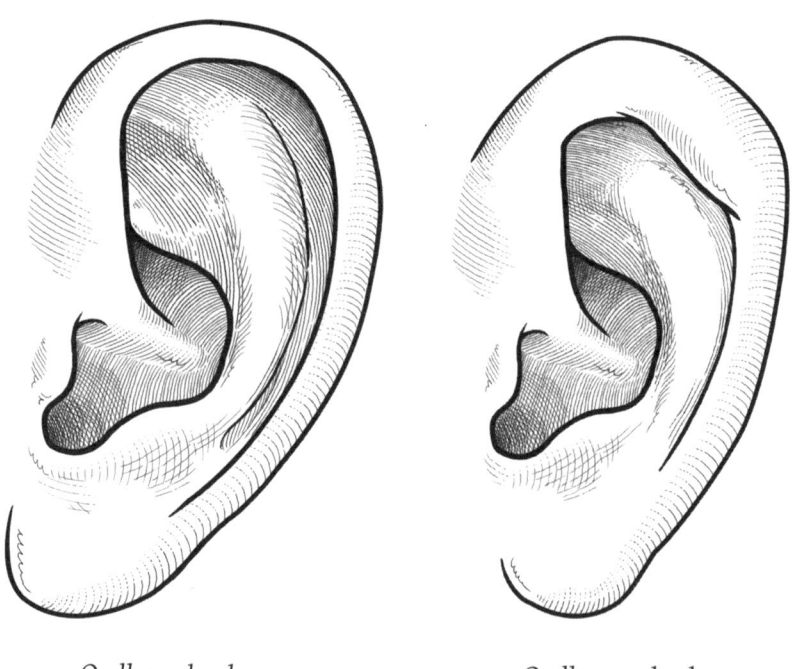

Orelha redonda   *Orelha quadrada*

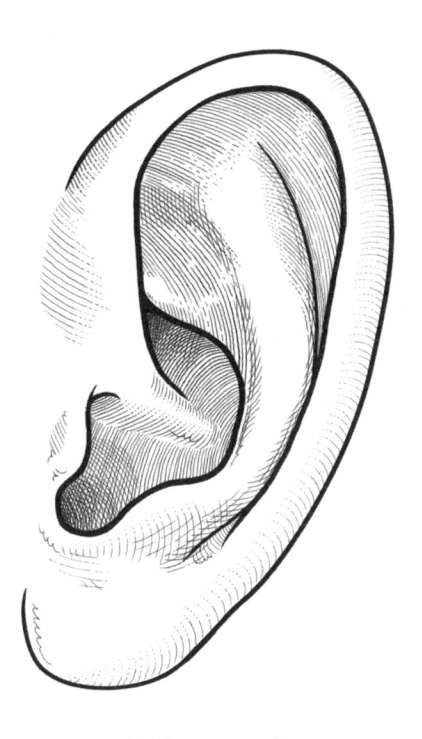

Orelha pontuda

Vez ou outra, você encontrará orelhas pontudas. As pessoas que têm esse formato de orelhas provavelmente estão cansadas de serem comparadas com o Sr. Spock, personagem de *Jornada nas Estrelas*. Essas pessoas são misteriosas, reservadas e bem articuladas. Apesar de amistosas, elas não se abrem, e em geral leva-se muito tempo para conhecê-las bem.

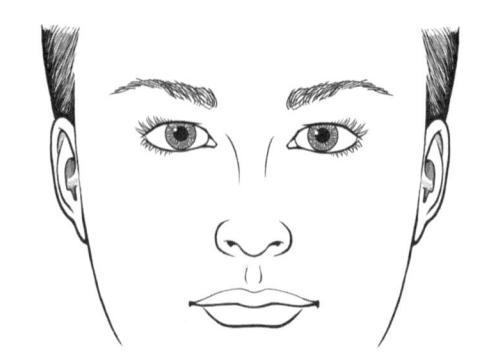

Orelhas rentes à cabeça

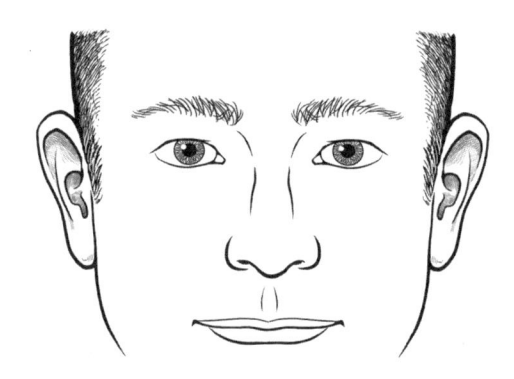

Orelhas salientes

Rentes à cabeça ou salientes

Quando estou lendo rostos, sempre fico impressionado com o número de pessoas que me perguntam se suas orelhas são salientes. Ao que parece, muita gente é sensível em relação às orelhas.

Na verdade, é até bom ter orelhas salientes. Essas pessoas são independentes e não gostam que lhes digam o que fazer. Elas podem ser teimosas. Obstinadas, preferem tomar suas próprias decisões, em vez de confiar apenas na opinião dos outros. Pessoas com orelhas assim também tendem a atrair dinheiro e, em geral, só ouvem aquilo que querem ouvir.

Casualmente, os fisiognomonistas se referem às pessoas com "orelhas de abano" como pessoas com "orelhas salientes". Presumo que esta seja uma maneira de fazer com que elas se sintam bem consigo mesmas. De acordo com a minha experiência, a maioria das pessoas que têm orelhas salientes sente-se muito melhor depois de saber o seu significado. O príncipe Charles (1948), herdeiro do trono britânico, tem orelhas salientes.

Pessoas com orelhas rentes à cabeça são boas ouvintes. Elas também são diplomáticas, sensíveis, indulgentes e capazes de se adaptar a qualquer situação.

Altura das orelhas

Normalmente, as orelhas situam-se entre a ponta do nariz e a extremidade externa da sobrancelha. As orelhas situadas acima da ponta do nariz e da extremidade externa da sobrancelha são consideradas altas, e as situadas abaixo da ponta do nariz e da extremidade externa das sobrancelhas são consideradas baixas.

Orelhas compridas começam acima da extremidade externa das sobrancelhas e terminam abaixo da ponta do nariz.

As pessoas com orelhas situadas entre a ponta do nariz e a extremidade externa das sobrancelhas são como a maioria das outras. Isso não ajuda muito um fisiognomonista, pois denota uma vida mediana.

As pessoas com orelhas altas mantêm os pés firmes no chão e têm uma perspectiva realista e sensata em relação à vida. No trabalho, são eficientes e leais. Entretanto, quando suas orelhas ultrapassam muito a linha das sobrancelhas, elas são ambiciosas, persistentes e, consequentemente, acabam sendo bem-sucedidas.

As pessoas com orelhas baixas são idealistas, falantes, inteligentes e fáceis de lidar. Elas precisam ter sempre uma aspiração. Na China, acreditava-se que as pessoas com orelhas baixas pertenciam a uma classe social alta. Embora esse não seja mais o caso, acredita-se que essas pessoas pertençam a uma família abastada.

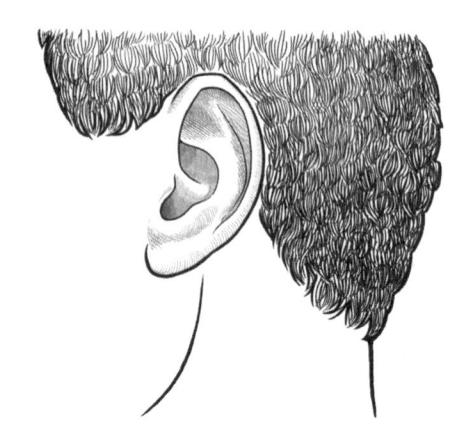

Orelhas altas

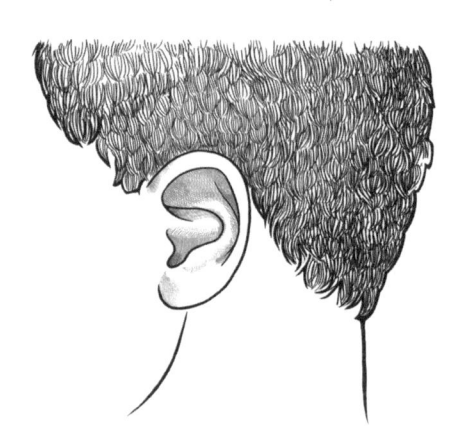

Orelhas baixas

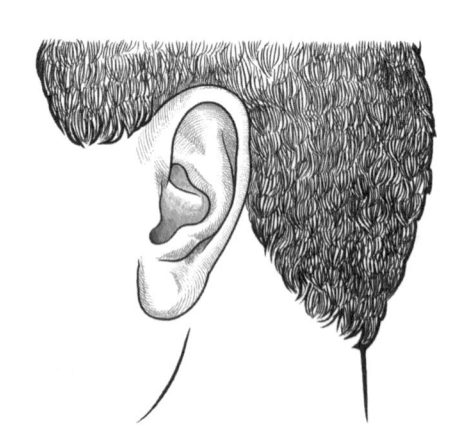

Orelhas compridas

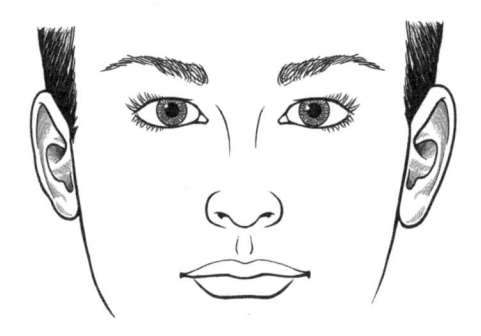

Orelhas desniveladas

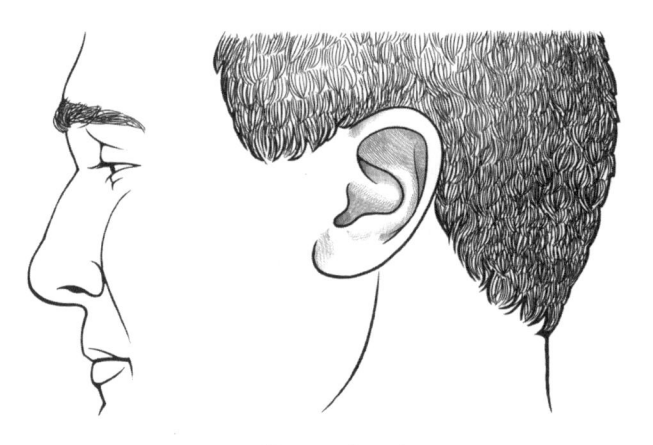

Orelhas inclinadas

Algumas vezes, uma orelha é visivelmente mais alta que a outra. Quase sempre, a direita é mais alta que a esquerda. Isso é sinal de que a pessoa vivenciou alguma forma de desapego emocional com relação à mãe durante o seu período de desenvolvimento.

Em geral, as orelhas são ligeiramente inclinadas: a parte superior é mais afastada da cabeça do que a parte inferior. Quando o ângulo de inclinação é extremo, a pessoa é rígida e tenta controlar os outros. Além disso, ela tem uma noção exagerada da própria importância.

Partes da orelha

Na leitura do rosto, é preciso analisar três partes da orelha: a hélice, a concha e os lóbulos. O trago não entra na análise.

Hélice

A hélice é a borda externa da orelha. Como sabemos, ela pode ser arredondada ou quadrada. As pessoas com hélice arredondada gostam de estimulação mental. Elas têm muita energia e adoram se divertir. Além disso, são bastante sensatas, um aspecto que se manifesta bem cedo.

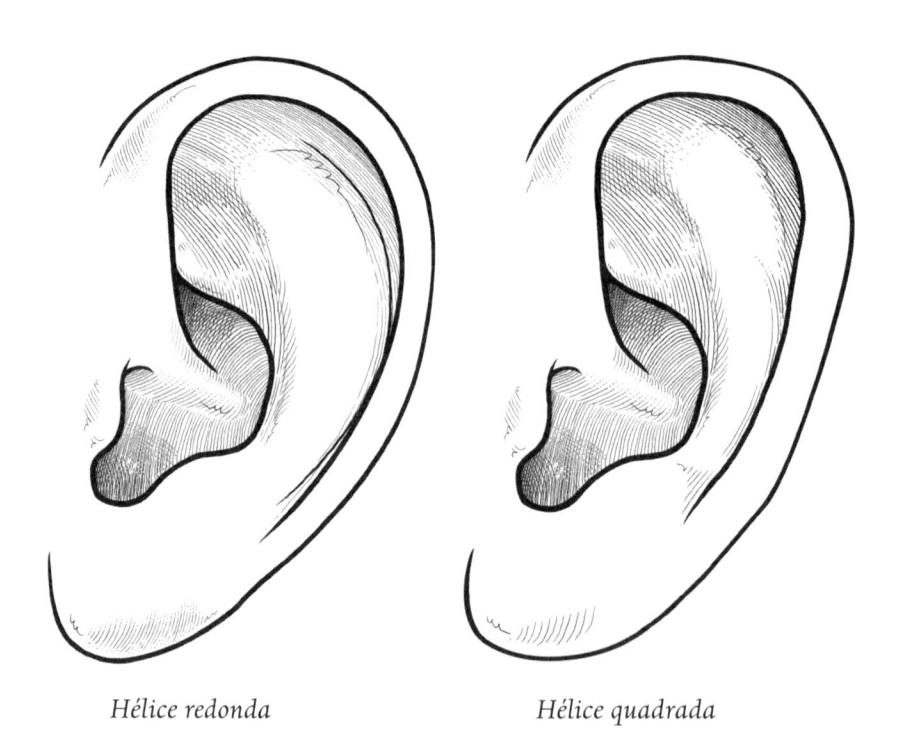

Hélice redonda   *Hélice quadrada*

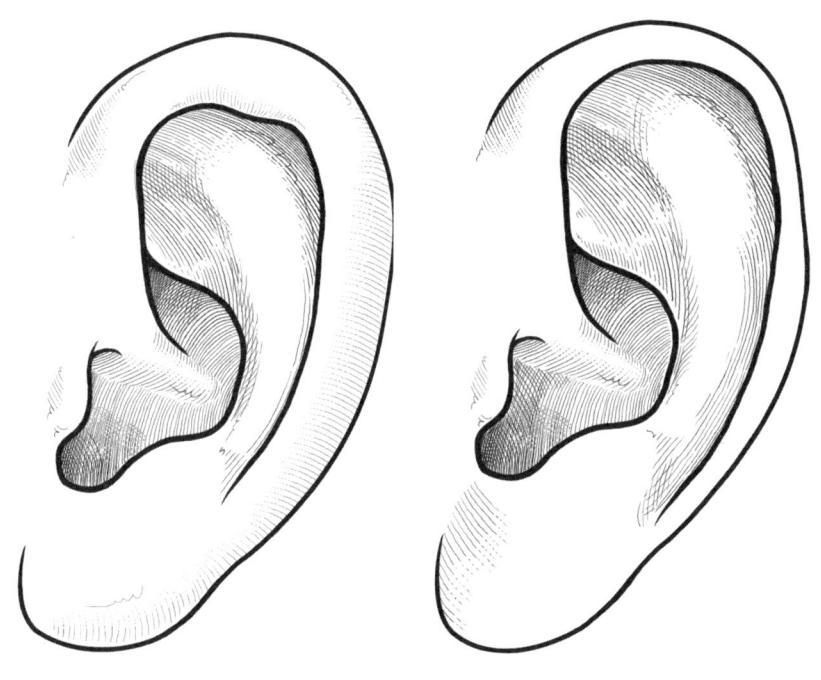

Hélice grossa

Hélice fina

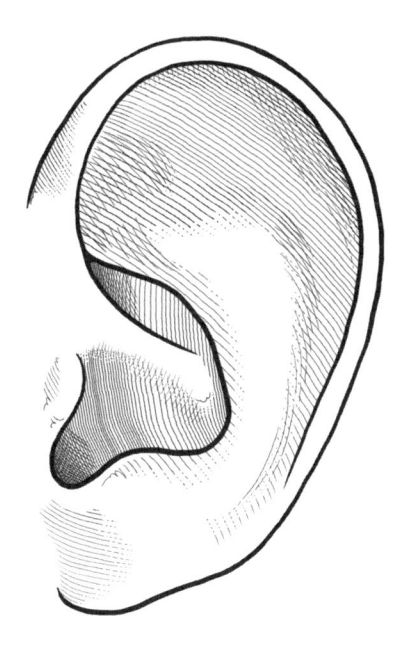

Hélice finíssima

As pessoas com hélice grossa tendem a se entregar demais aos prazeres sensuais e gostam de desfrutar de todos os luxos que estão ao seu alcance.

As pessoas com hélice fina são entusiasmadas, impulsivas e extrovertidas. Quando são impedidas de fazer algo, podem se tornar agressivas.

As pessoas com hélice extremamente fina, ou até mesmo inexistente, preocupam-se com a humanidade em geral. Diante de estresse ou pressão excessivos, elas se fecham em si mesmas. Essas pessoas gostam de ficar sozinhas para pensar, refletir e recuperar a energia perdida.

Concha

A concha é o círculo interno da orelha. Quando a hélice e a concha são igualmente bem definidas, a pessoa tem capacidade e motivação para ser muito bem-sucedida.

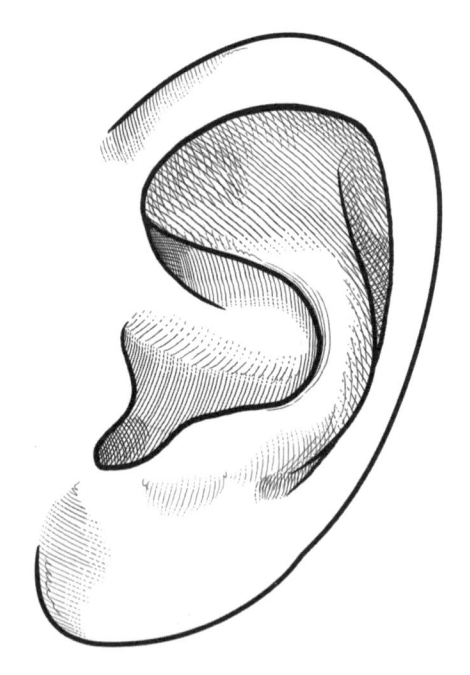

Concha proeminente

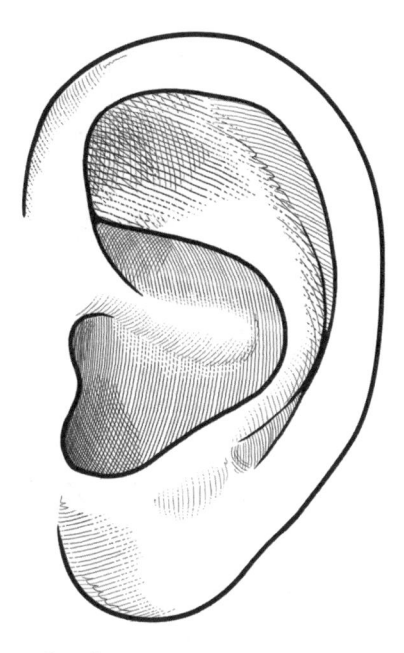

Concha menos proeminente

Quando a concha é mais proeminente que a hélice, a pessoa tem bastante disposição e consegue tocar um projeto desde a sua concepção até a conclusão.

Quando a concha é menos proeminente que a hélice, a pessoa tem de se esforçar para obter sucesso na vida.

Trago

Trago é a pequena saliência cartilaginosa situada à entrada do ouvido, entre a concha e a maçã do rosto. O trago não desempenha nenhuma função na leitura do rosto, embora seja muito usado para a colocação de *piercing*.

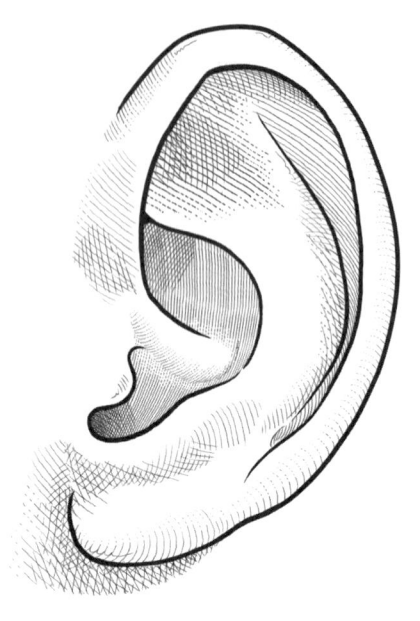

Trago

Lóbulos

Situados na base da orelha, os lóbulos podem ser presos ou soltos. Pessoas com lóbulos presos têm uma forte ligação com a família. Pessoas com lóbulos ligeiramente soltos têm uma atitude mais independentes e não precisam do apoio dos familiares.

Os lóbulos também podem ser longos ou curtos. Pessoas com lóbulos longos planejam com antecedência e gostam de colocar suas ideias em prática. Na China, lóbulos longos são sinal de riqueza, sabedoria e longevidade, pois quem planeja com bastante antecedência tem mais possibilidade de obter sucesso financeiro no longo prazo.

Pessoas com lóbulos pequenos vivem no momento presente e não gostam de fazer planos antecipados. Elas têm pouca paciência e exprimem livremente suas emoções.

Lóbulo preso — Lóbulo solto

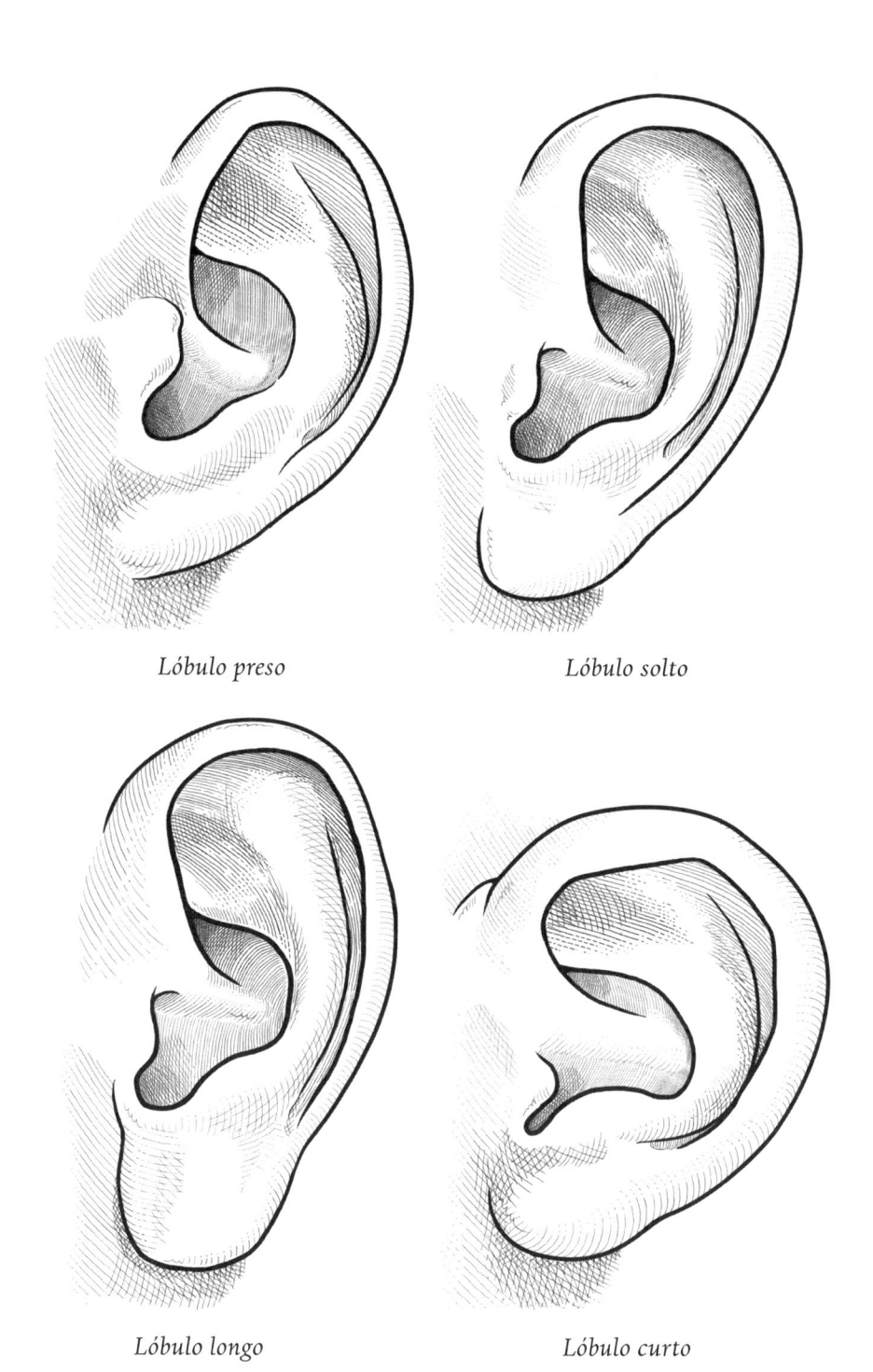

Lóbulo longo — Lóbulo curto

Lóbulo pequeno   *Lóbulo carnudo*

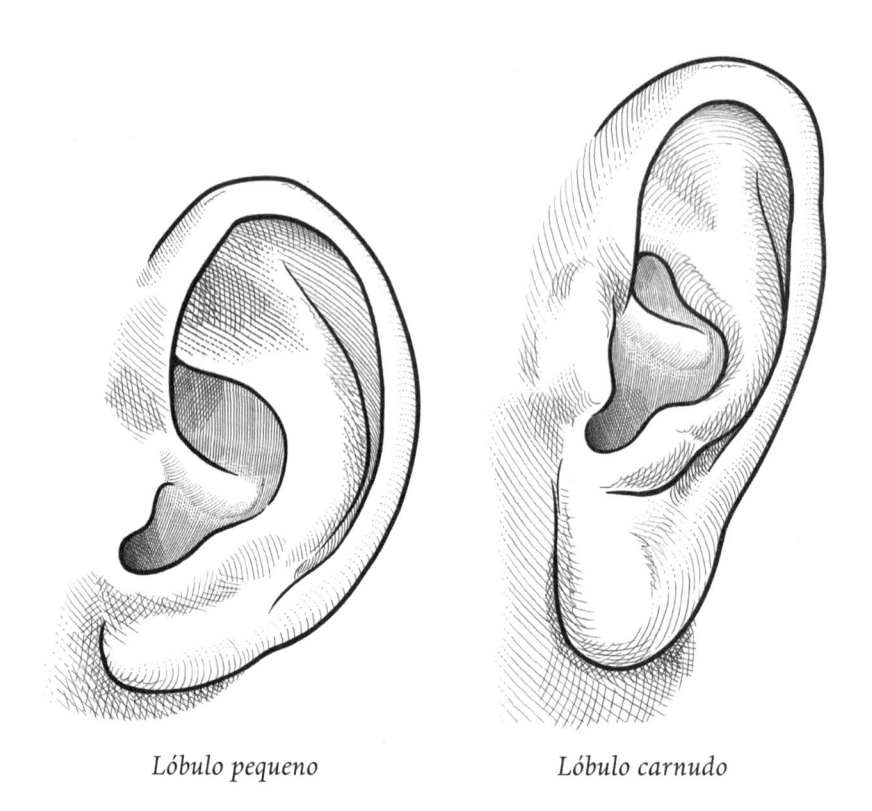

Alguns lóbulos são tão curtos que praticamente inexistem. Pessoas com lóbulos assim são românticas e têm muita imaginação.

Pessoas com lóbulos carnudos são muito sensuais, principalmente se eles também forem longos. De acordo com a tradição chinesa, essas pessoas também se dão bem financeiramente. Há um provérbio chinês que diz: "Quanto mais gordo o lóbulo da orelha, mais gorda a bolsa".

Presença de pelos

Muitas gente tem um pouquinho de pelo na entrada do ouvido. Esse aspecto precisa ser analisado em relação ao restante do corpo, pois algumas pessoas são naturalmente mais peludas que outras. Se a quantidade de pelo nesse local for excessiva em comparação com o restante do corpo, a pessoa preencherá a vida com atividades superficiais, desperdiçando seus talentos inatos.

No próximo capítulo, vamos analisar os aspectos que algumas pessoas consideram os mais importantes da leitura do rosto: as sobrancelhas e os olhos.

Capítulo 3

AS SOBRANCELHAS E OS OLHOS

Os olhos dos homens conversam tanto quanto a sua língua,
com a vantagem de que o dialeto ocular não precisa de dicionário
e é entendido no mundo todo.
— RALPH WALDO EMERSON

As sobrancelhas

As sobrancelhas são um dos primeiros aspectos que você observará ao analisar um rosto. Ainda bem, pois é possível obter muitas informações só com elas.

Na antiga China, ter sobrancelhas longas, grossas e harmoniosas situadas bem acima dos olhos era considerado auspicioso. Por outro lado, ter sobrancelhas curtas, finas, rebeldes e próximas aos olhos era considerado desfavorável. Por sorte, isso revela apenas uma pequena parte do "quadro".

A interpretação das sobrancelhas foi tratada numa seção especial do *Arcandam Peritissimus*, famoso livro de divinação do século XVI. Segundo esse livro: "Sobrancelhas grandes mostram que o homem é arrogante e não tem brio... sobrancelhas que descem tortas do lado do nariz revelam que o homem é mestre malandragem".[1]

Atores e comediantes sempre souberam o valor das sobrancelhas. Groucho Marx levantava e abaixava as sobrancelhas (falsas) para fazer as pessoas rirem. E isso se tornou sua marca registrada. Roger Moore, ator britânico, transmitia seus sentimentos erguendo apenas uma das sobrancelhas.

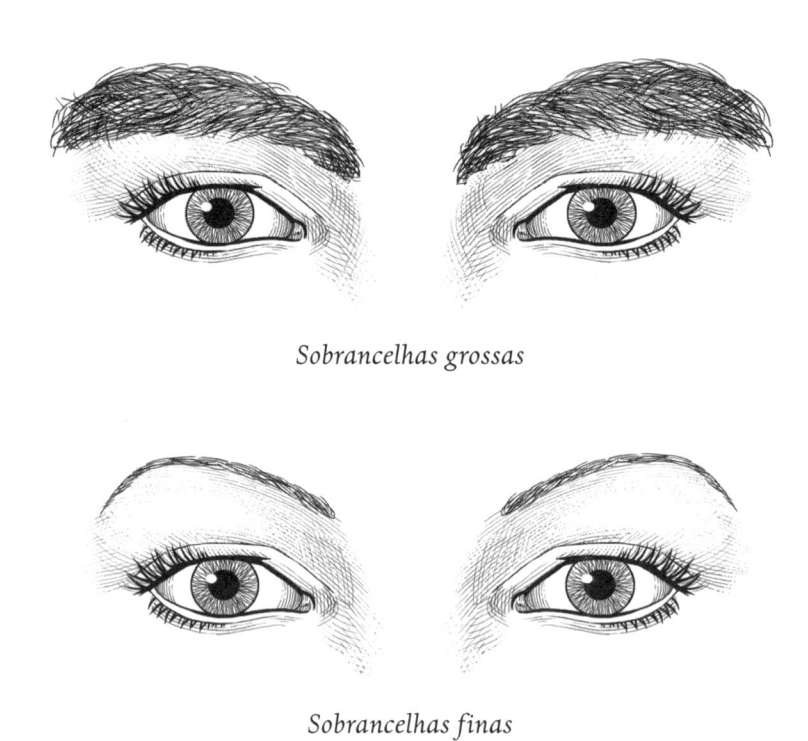

Sobrancelhas grossas

Sobrancelhas finas

Grossas ou finas

Anos atrás, um vendedor me disse que sempre olhava as sobrancelhas das pessoas, pois elas lhe diziam como ele deveria lidar com os clientes para aumentar a probabilidade de fechar uma venda. Eu fiquei cético, até que o vi em ação.

Se as sobrancelhas da pessoa fossem grossas, ele dava informações detalhadas sobre seu produto. Se fossem finas, ele fazia apenas um apanhado geral e esperava por perguntas, em vez de perder a venda ao fornecer muitos detalhes de uma só vez.

Apesar de não ter estudado leitura do rosto, ele estava certo. As pessoas que têm sobrancelhas grossas gostam de detalhes e conseguem fazer várias coisas ao mesmo tempo. Elas se entregam de corpo e alma a tudo o que fazem, amam a família e são generosas com os entes queridos.

As pessoas que têm sobrancelhas finas também são inteligentes, mas preferem fazer uma coisa de cada vez. Elas são mais serenas e não se entregam com tanta paixão àquilo que fazem.

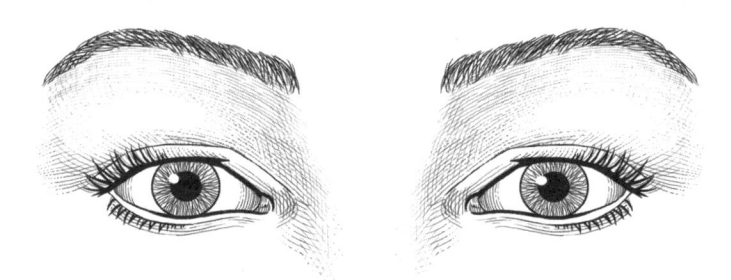

Sobrancelhas altas

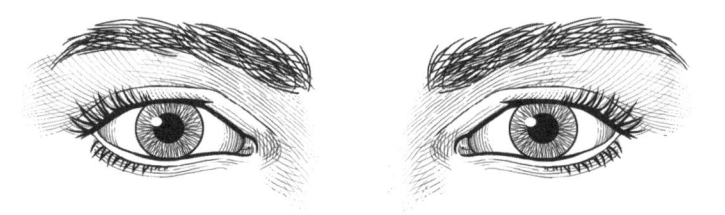

Sobrancelhas baixas

Altas ou baixas

De acordo com a tradicional fisiognomonia chinesa, pessoas com sobrancelhas baixas e próximas aos olhos são ambiciosas, impacientes e gostam de ajudar os outros. Elas têm facilidade de se relacionar, pois são abertas e calorosas.

As pessoas com sobrancelhas tão próximas dos olhos que parecem pressioná-los se irritam com facilidade. Elas são impacientes, imprevisíveis e irrequietas. Adolf Hitler (1889-1945), o ditador alemão, por exemplo, tinha sobrancelhas extremamente próximas dos olhos.

As pessoas com sobrancelhas altas são consideradas distantes e ligeiramente frias. Entretanto, elas também são tolerantes, generosas e de fácil convívio. Eu achava que a associação com frieza e distanciamento provavelmente foi feita porque as pessoas com sobrancelhas altas podem dar a impressão de tê-las erguido deliberadamente e estarem questionando alguma coisa.

Porém, isso foi antes de conversar com uma amiga que tem uma agência de namoro. Um dia, ela me ligou para contar que tinha feito uma descoberta espantosa. Segundo ela, vários clientes da agência haviam se queixado de que algumas mulheres que ela havia lhes apresentado eram frias e distantes. Ela notou que todas aquelas mulheres tinham sobrancelhas bem acima dos olhos. Minha amiga começou a prestar atenção na sobrancelha das clientes e descobriu que homens de sobrancelhas altas se relacionavam bem com mulheres de sobrancelhas altas e que homens com sobrancelhas baixas se relacionavam bem com mulheres de sobrancelhas baixas. Ela descobriu, sozinha, algo que os fisiognomonistas chineses sabiam há milhares de anos.

As pessoas com sobrancelhas unidas, formando uma linha única, gostam de provocar os outros e, por causa disso, sempre se metem em encrenca. Felizmente, com a maturidade a maioria delas aprende a mudar esse comportamento. Várias pessoas que eu conheço descobriram que a vida ficou muito mais fácil depois que elas tiraram os pelos entre as sobrancelhas.

Em geral, não sou a favor de se promover mudanças deliberadas no rosto, mas abro uma exceção para pessoas com sobrancelhas unidas.

Algumas sobrancelhas são desniveladas. Pessoas com sobrancelhas assim são extremamente sensíveis, e é difícil se dar bem com elas.

Na tradicional fisiognomonia chinesa, quanto maior o espaço entre os olhos e as sobrancelhas, mais feliz será a pessoa. As pessoas que têm um grande espaço entre os olhos e as sobrancelhas são capazes de pedir ajuda e de serem ajudadas. As que têm um espaço pequeno entre os olhos e as sobrancelhas raramente recebem esse tipo de ajuda e precisam batalhar para alcançar seus objetivos.

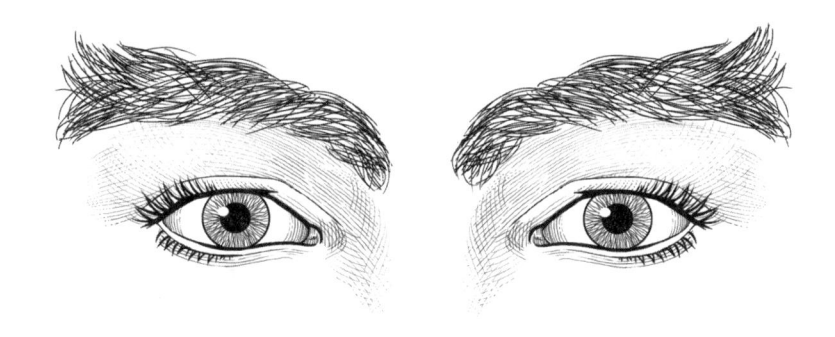

Sobrancelhas longas

Longas ou curtas

Em geral, as sobrancelhas se estendem de um lado ao outro do olho. Sobrancelhas que não atingem o canto externo do olho são consideradas curtas, e sobrancelhas que se estendem além do canto externo do olho são consideradas longas.

As pessoas com sobrancelhas longas se dão bem com a família e com os amigos. Provavelmente tiveram um lar feliz e uma vida familiar harmoniosa, e fazem de tudo para garantir que aqueles que pertencem ao seu círculo íntimo sejam felizes. Elas também estão sempre em contato com os amigos. Apreciadoras da beleza, gostam de ter objetos bonitos em casa.

Quando além de longas as sobrancelhas também são grossas, essas pessoas são generosas com seu tempo e seu dinheiro. Elas têm emoções fortes e estão preparadas para defender aquilo em que acreditam. Quando suas sobrancelhas são muito fartas, bem como longas e espessas, elas são teimosas, sobretudo em relação ao que consideram importante.

As pessoas com sobrancelhas curtas se veem como independentes e têm dificuldade em pedir ajuda e apoio. Provavelmente elas tiveram dificuldades com outras crianças da família durante o seu período de desenvolvimento.

Algumas sobrancelhas são tão ralas que às vezes é difícil vê-las. Pessoas com sobrancelhas assim são calmas, meigas, indecisas e tímidas.

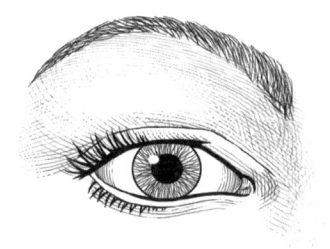

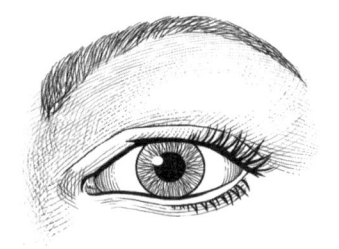

Sobrancelhas arqueadas

Sobrancelhas arqueadas

As pessoas que têm sobrancelhas arqueadas são amistosas, abertas, bem equilibradas, estáveis e apaixonadas, sobretudo quando as sobrancelhas também são finas. As que têm sobrancelhas arqueadas e grossas também são amistosas e apaixonadas, mas às vezes podem ser vítimas de suas próprias emoções fortes.

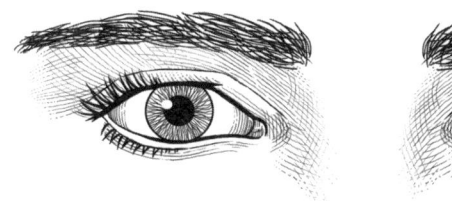

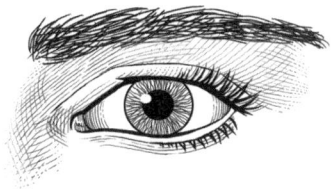

Sobrancelhas retas

Sobrancelhas retas

Em geral as sobrancelhas são arqueadas, mas algumas são quase retas. As pessoas com sobrancelhas retas são ambiciosas, conscienciosas e focadas nos negócios. Elas gostam de estabelecer metas e de alcançá-las.

Essas pessoas têm dificuldade de dar e receber amor, e podem parecer frias e incapazes de demonstrar afeto. Elas precisam dividir a vida com alguém que seja compreensivo e que possa ajudá-las a descobrir seus verdadeiros sentimentos.

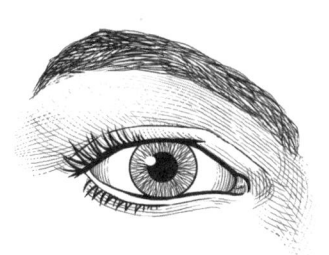

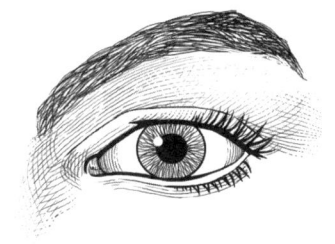

Sobrancelhas ascendentes

Sobrancelhas ascendentes

Essas sobrancelhas são mais baixas na ponte do nariz do que na extremidade externa do olho. Pessoas com sobrancelhas assim reconhecem e aproveitam imediatamente as oportunidades que outras deixam passar. Elas são ambiciosas, ativas, trabalhadoras e impacientes. No entanto, com o tempo costumam perder o interesse pela carreira, por seus *hobbies* e por outros projetos. Infelizmente, às vezes isso inclui relacionamentos e amizades.

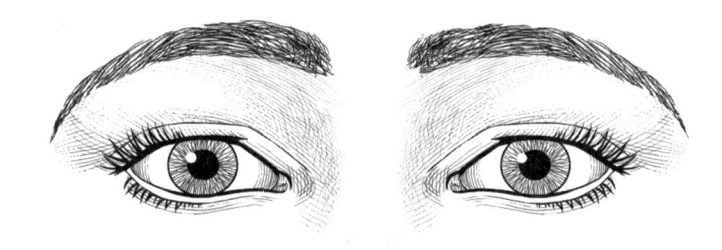

Sobrancelhas descendentes

Sobrancelhas descendentes

Essas sobrancelhas são mais altas na ponte do nariz do que na extremidade externa do olho. Pessoas com sobrancelhas assim são atenciosas, responsáveis e amorosas. Elas trabalham bem em equipe e ficam mais felizes quando estão rodeadas pelos entes queridos e amigos. Ao contrário das pessoas com sobrancelhas ascendentes, com o passar do tempo elas ficam mais apegadas aos seus *hobbies*, interesses, amigos e relacionamentos.

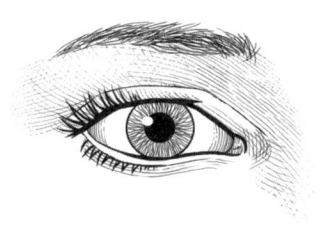

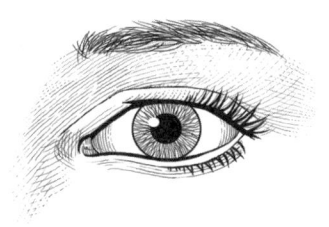

Sobrancelhas curtas

Sobrancelhas curtas

As pessoas que têm sobrancelhas curtas são impacientes, irritadiças e impulsivas. Elas costumam agir antes de pensar, o que lhes causa muitos problemas. Com a maturidade, porém, a maioria delas aprende a ser mais paciente tornando, com isso, suas vidas mais fácil.

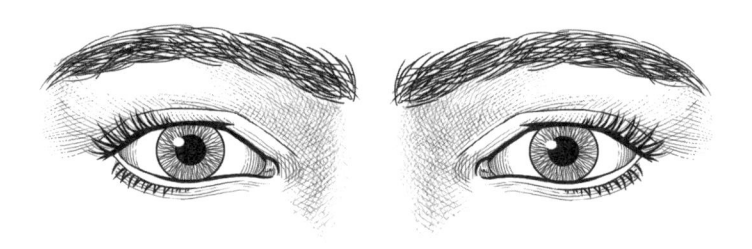

Sobrancelhas próximas

Sobrancelhas próximas

Sobrancelhas que se tocam no canto interno, ou muito próximas uma da outra, sempre foram consideradas um sinal negativo. Por alguma razão, esse tipo de sobrancelha tende a repelir os outros; consequentemente, essas pessoas encontram obstáculos na hora de receber ajuda e conselhos. Elas se ofendem facilmente e têm dificuldade de perdoar. Leonid Brejnev (1906-1982), ex-líder soviético, tinha sobrancelhas unidas.

Mulheres com sobrancelhas muito próximas uma da outra geralmente depilam a parte central. Homens com esse tipo de sobrancelha descobrem que a vida fica mais fácil quando raspam ou removem os pelos acima da ponte do nariz.

A área entre as sobrancelhas está relacionada com ambição, e o ideal é que ela seja larga e lisa. Por esse motivo, as pessoas que têm as sobrancelhas muito próximas aumentam suas possibilidades de obter sucesso quando removem os pelos da área acima do nariz.

Os olhos

Os olhos são a parte mais reveladora do rosto. Todo mundo conhece o ditado popular: "Os olhos são a janela da alma". Qualquer um que não saiba nada a respeito de leitura do rosto pode olhar nos olhos de um amigo e dizer se ele está feliz, frustrado ou exausto. Em geral, as pessoas conseguem dizer se alguém está feliz em vê-las pela maneira como seus olhos se abrem.

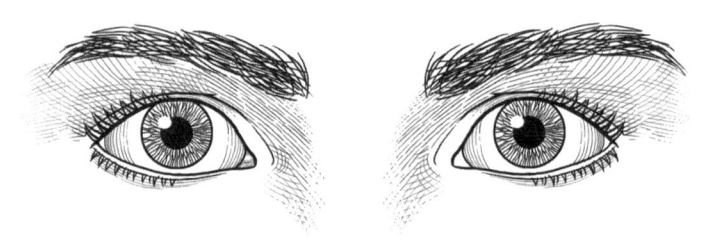

Olhos abertos

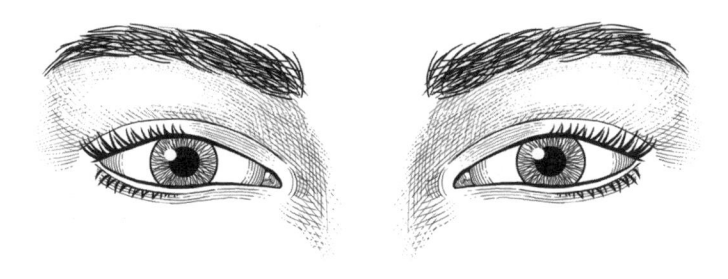

Olhos estreitos

Abertos e estreitos

As pessoas que estão com os olhos bem abertos estão receptivas, sentimentais e expressivas. Se elas estiverem empolgadas e ávidas para contar alguma coisa, pode ter certeza de que seus olhos ficarão bem abertos. Os olhos delas também brilham com a energia da sua força vital. Em contrapartida, quando estreitam os olhos, as pessoas estão atentas, receosas e desconfiadas. Pessoas que costumam estreitar os olhos são cautelosas e céticas.

Grandes e pequenos

Pessoas de olhos grandes são inteligentes, imaginativas e capazes de expressar livremente seus sentimentos. Simpáticas e afetuosas, elas costumam acreditar cegamente nos outros. Pessoas de olhos grandes são, em geral, consideradas extremamente atraentes. Luciano Pavarotti (1935-2007), cantor de ópera italiano, tinha olhos grandes e expressivos.

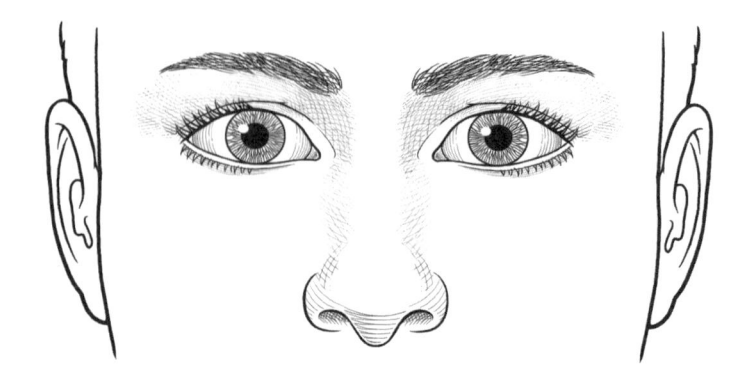

Olhos grandes

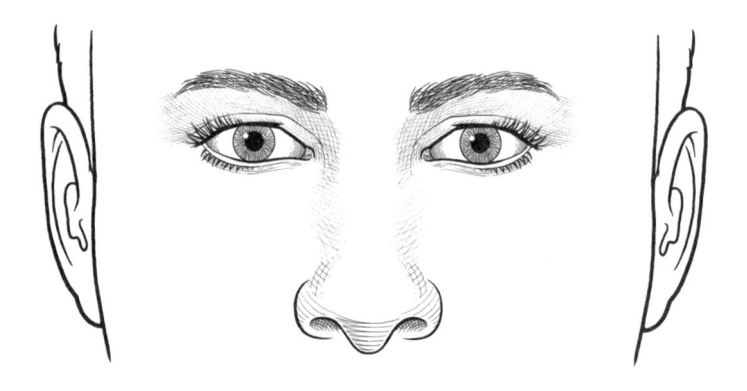

Olhos pequenos

Pessoas de olhos pequenos são mais comedidas em relação às suas emoções e têm dificuldade de expressar seus sentimentos mais íntimos, bem como de compreender a abordagem mais teatral das que têm olhos grandes. Pessoas de olhos extremamente pequenos são materialistas e egocêntricas.

Brilhantes e ternos

As pessoas que têm olhos brilhantes são animadas e cheias de vida. Elas adoram se divertir e precisam se manter ocupadas. As que têm olhos ternos muitas vezes são descritas como sonhadoras, pois passam grande parte do tempo perdidas nos próprios pensamentos. Como tendem a ser idealistas, elas podem facilmente ficar decepcionadas com os outros.

Olhos brilhantes

Olhos ternos

Posição

A distância normal entre os olhos corresponde ao comprimento de um olho. Quando essa distância é maior, dizemos que os olhos são afastados. Quando é menor, dizemos que os olhos são próximos.

As pessoas com olhos afastados conseguem visualizar toda a situação com um simples olhar. São ambiciosas, mas têm dificuldade de terminar o que começaram. Elas têm memória retentiva e um ar inocente que as faz parecer mais jovens do que realmente são. Essas pessoas têm muitos interesses e gostam de discuti-los. Liberais, raramente ficam chocadas.

As pessoas com olhos próximos são sociáveis e simpáticas e geralmente têm um grande círculo de amizades. Elas são analíticas, precisas, detalhistas e se saem melhor em profissões que utilizam a sua capacidade de concentração. Geralmente elas trocam de profissão pelo menos uma vez na vida.

Leva tempo para conhecer as pessoas de olhos profundos. Sua natureza misteriosa, reservada e discreta a princípio parece charmosa, mas pode se tornar frustrante para as pessoas que convivem com elas. Elas têm dificuldade de expressar seus sentimentos mais íntimos. Geralmente são tardias, o que significa que só encontram a profissão e o parceiro certos na casa dos trinta.

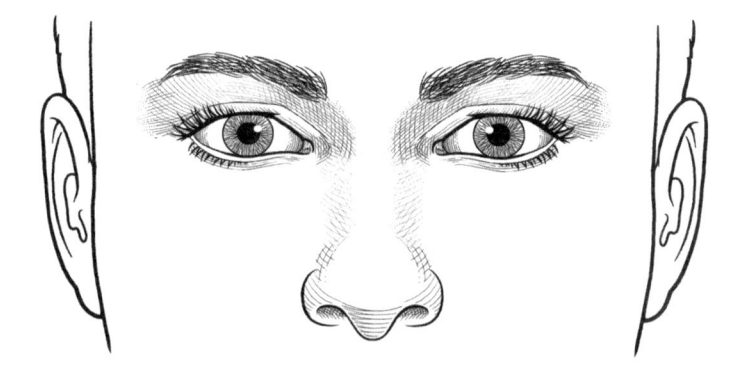

Olhos com distância normal

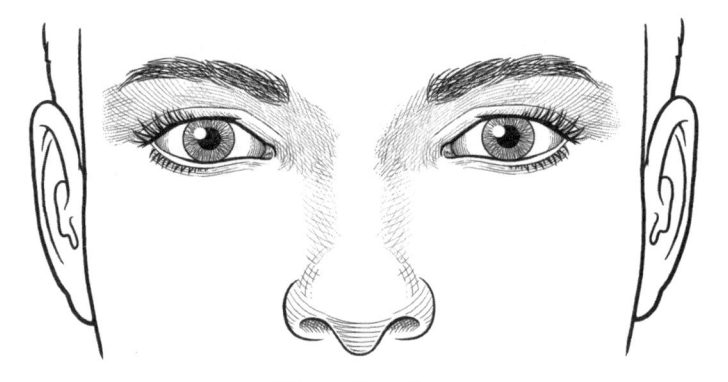

Olhos afastados

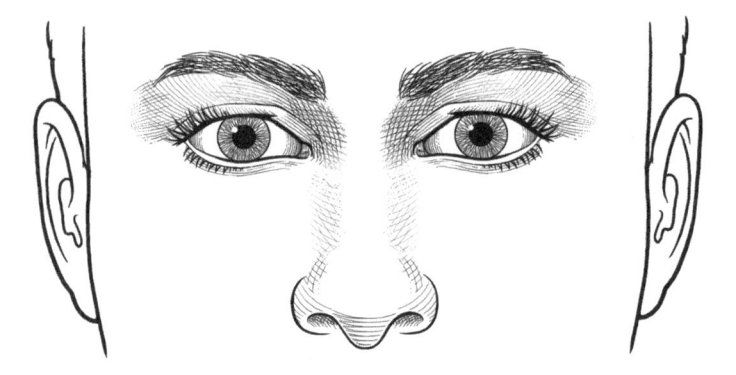

Olhos próximos

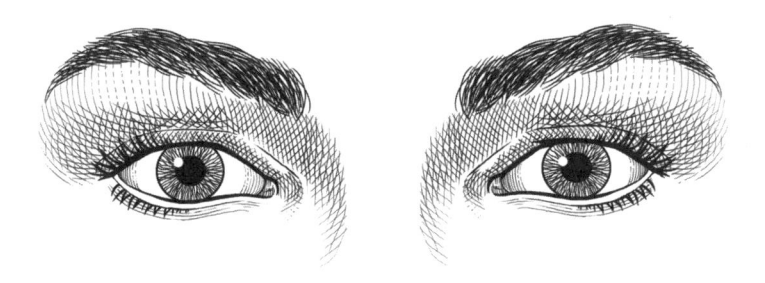

Olhos profundos

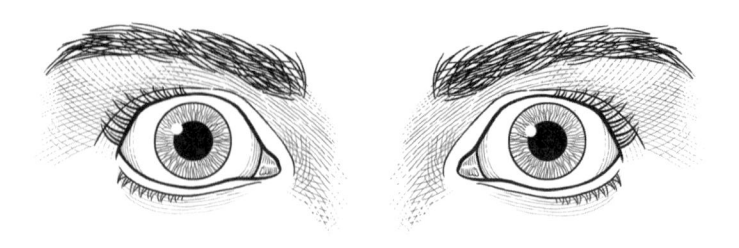

Olhos saltados

As pessoas com olhos saltados são exibicionistas e fazem comentários revoltantes para chamar a atenção. Elas são entusiasmadas, curiosas e muitas vezes impulsivas. Um amigo meu, comediante, tem olhos saltados, e ele brinca com isso no palco. Ele faz uma série de observações engraçadas sobre o seu cotidiano e revela a frequência com que é mal compreendido.

Cantos virados para cima

Quando as extremidades externas do olho curvam-se para cima, há duas possibilidades, dependendo do sexo da pessoa.

Numa mulher, é sinal de ciúme e desconfiança. Ela tem dificuldade de expressar seus sentimentos mais íntimos. Apesar disso, é aberta, honesta e autêntica com as outras pessoas.

Num homem, essa característica tem uma interpretação mais positiva. Indica que ele é trabalhador, digno de confiança e tem senso de humor. Homens com olhos assim gostam de envolvimentos amorosos e, quando assumem um compromisso, são fiéis e dedicados.

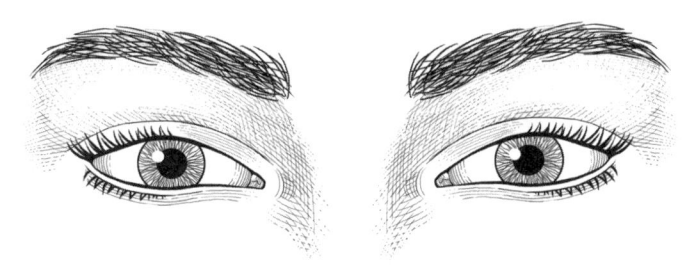

Olhos com cantos virados para cima

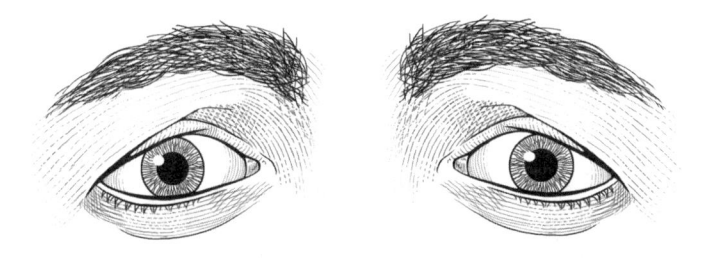

Olhos com cantos virados para baixo

Cantos virados para baixo

As pessoas com os cantos dos olhos virados para baixo são abertas e cordiais. Elas são bastante focadas nos próprios interesses e costumam pensar primeiro em si mesmas.

Cantos agudos

Pessoas de olhos com cantos agudos têm um bom faro para oportunidades financeiras. Entretanto, elas têm dificuldade de guardar dinheiro. Consequentemente, sua situação financeira oscila ao longo da vida.

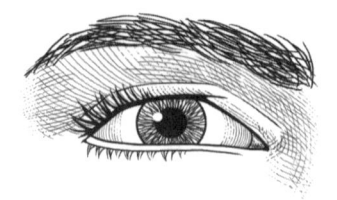

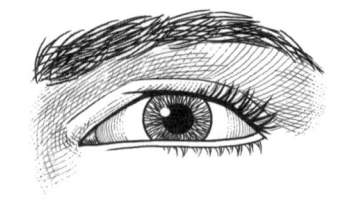

Olhos com cantos agudos

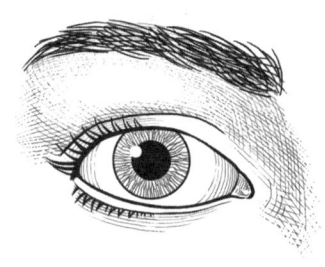

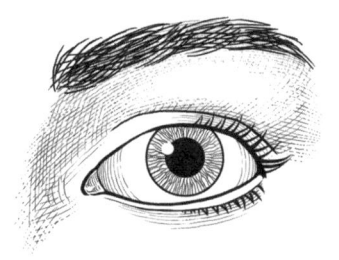

Olhos com cantos arredondados

Cantos arredondados

Na leitura do rosto, os olhos com cantos arredondados são os mais favoráveis. As pessoas que têm essa característica são leais e dedicadas à família e aos amigos. Embora não sejam necessariamente a alma da festa, elas são bastante queridas.

Pálpebras superiores arqueadas ou retas

As pessoas com pálpebras arqueadas precisam ter sempre alguma coisa excitante em mente. Seu coração permanece eternamente jovem, pois elas estão sempre planejando a próxima aventura. Humanitárias, elas gostam de ajudar os outros.

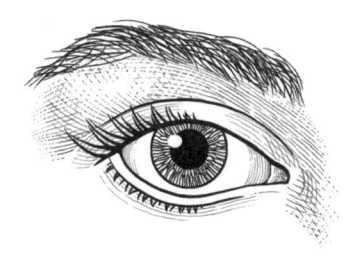

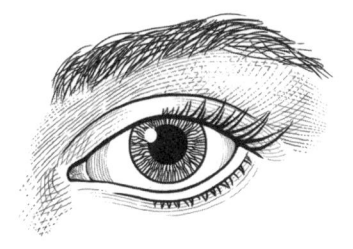

Pálpebra superior arqueada

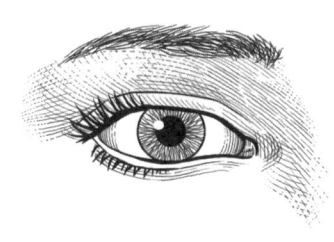

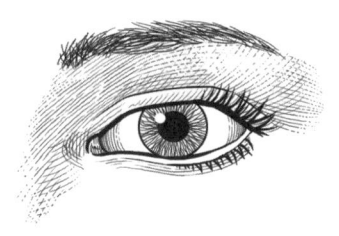

Pálpebra superior reta

As pessoas com pálpebras superiores retas cuidam de si próprias e têm pouco interesse pelo bem-estar dos outros.

Pálpebras inferiores arqueadas ou retas

As pessoas com pálpebras inferiores arqueadas estão preparadas para defender aquilo em que acreditam. No entanto, elas são, sobretudo, egoístas e não se interessam pelas preocupações ou convicções alheias.

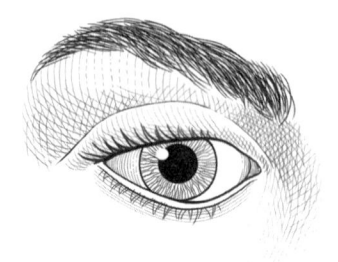

Pálpebra inferior arqueada

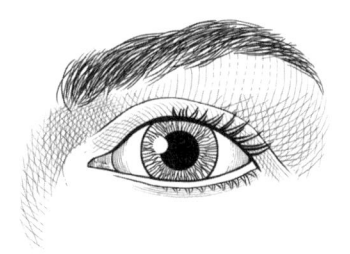

Pálpebra inferior reta

As pessoas com pálpebras inferiores retas sempre são exploradas, pois estão dispostas a colocar as necessidades alheias acima de suas próprias necessidades. Elas gostam de profissões que lhes permitam cuidar dos outros, como magistério e medicina.

Olhos puxados

Nos olhos puxados, o canto externo é mais alto ou mais baixo que o canto interno. Na maior parte das pessoas, os cantos dos olhos estão no mesmo nível.

Pessoas com o canto externo dos olhos mais alto que o canto interno são entusiasmadas, positivas, ambiciosas e inteligentes. Elas estão muito à frente da maioria das pessoas no que se refere a encontrar novas oportunidades. Esses olhos às vezes são chamados de "olhos de gato".

Pessoas com o canto externo dos olhos mais baixo que o canto interno são amáveis, generosas, modestas e tranquilas. Elas sentem um grande desejo de ajudar o próximo e precisam ser lembradas de que seus próprios sonhos e ambições são tão importantes quanto os de qualquer outra pessoa.

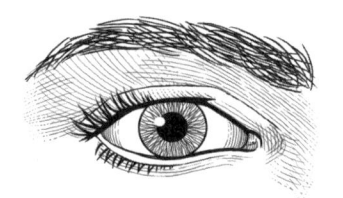

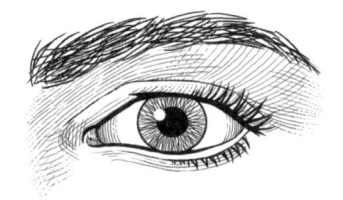

Os dois cantos no mesmo nível

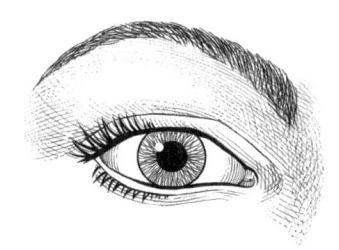

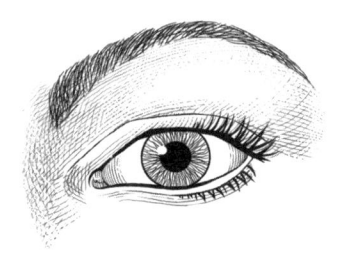

Canto externo mais alto

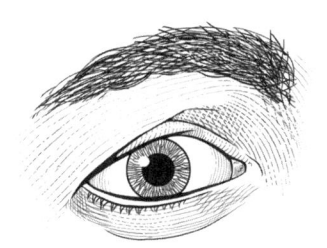

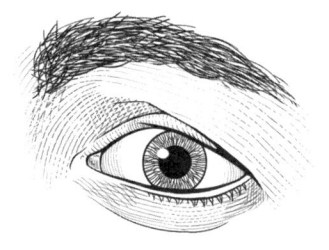

Canto interno mais alto

Pés de galinha

As finas rugas que se irradiam das extremidades externas do olho são chamadas de pés de galinha. Elas aparecem com a idade e são consideradas um sinal positivo, pois mostram que a pessoa consegue enxergar e avaliar uma situação como um todo. Essa pessoa sabe, instintivamente, o que está acontecendo ao seu redor.

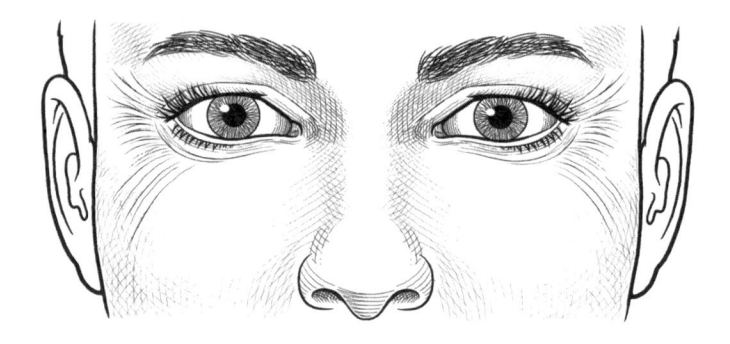

Pés de galinha

Estresse

O estresse pode ser observado claramente nos olhos. Quando você olha seus olhos no espelho, vê uma parte branca (a esclera) nos dois lados da íris. O ideal é que o branco acima e abaixo da íris não seja visível, pois esse é um sinal de estresse.

Se o branco for visível acima da íris, isso significa que você está nervoso, ansioso e excessivamente sensível.

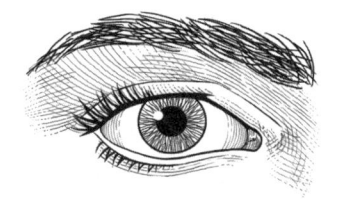

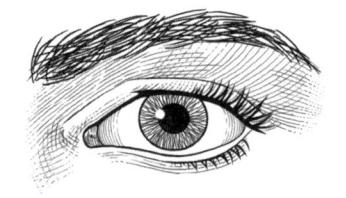

Branco visível abaixo da íris

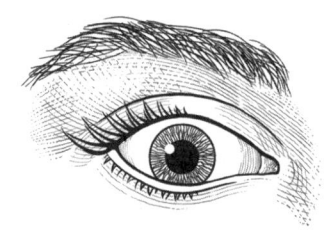

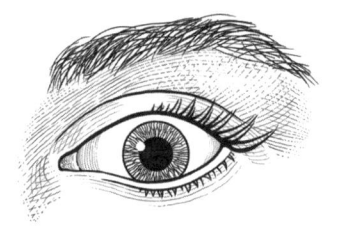

Branco visível acima da íris

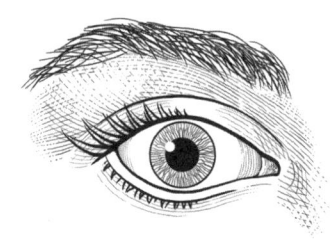

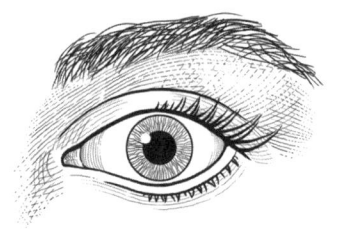

Branco visível acima e abaixo da íris

Se o branco for visível abaixo da íris você ficará sobrecarregado com estresse, tensão e pressão. Isso poderá deixá-lo ansioso, irritado e – em casos extremos – violento.

É raríssimo ver o branco dos olhos acima e abaixo da íris. Isso significa que a pessoa está tão estressada que corre o risco de ficar mentalmente desequilibrada. Felizmente, se ela conseguir diminuir o nível de estresse, seus olhos voltarão ao normal.

Há muitos anos, quando eu tinha uma livraria, um dos meus clientes habituais tinha olhos com o branco visível acima e abaixo da íris. Ele era um homem agradável; porém, muitas vezes, enquanto estava andando entre as prateleiras, ficava agitado e discutia consigo mesmo em voz alta, gritando para uma pessoa imaginária e respondendo com voz feminina. Essas crises duravam cerca de um minuto e, depois, ele voltava ao normal, como se nada tivesse acontecido. Ele parecia não se lembrar de nada. Esse cliente costumava ir à minha livraria uma vez por semana, mas de repente parou de ir. Quando reapareceu, uns três meses depois, o branco do seu olho não estava mais visível acima e abaixo da íris. Provavelmente ele tinha feito algum tratamento para o estresse fora do comum do qual estava padecendo.

No próximo capítulo, analisaremos a característica mais proeminente do rosto; o nariz.

Capítulo 4

O NARIZ

Um nariz bonito denota um caráter extraordinário.
— JOHANN KASPAR LAVATER

Na antiga China, um nariz grande era considerado extremamente benéfico, pois denotava poder, ambição e riqueza. A interpretação atual é semelhante, mas o tamanho do nariz precisa ser comparado com o tamanho do rosto e com outras características faciais. Um nariz que pode ser considerado grande no rosto de uma pessoa pode parecer pequeno no rosto de outra.

A associação com determinação, energia, ambição e poder foi feita porque o nariz está relacionado com o elemento Metal na fisiognomonia chinesa.

Em geral, um nariz bem desenvolvido indica alguém com caráter forte, bastante persistente, determinado e ambicioso. Napoleão Bonaparte (1769-1821) se interessava por fisiognomonia e teria dito: "Deem-me um homem de nariz avantajado. Quando preciso de um bom trabalho intelectual, escolho um homem narigudo".[1]

Como nariz grande está associado com sucesso mundano, aconselho as pessoas a pensarem muito bem antes de fazer uma plástica de nariz, pois a redução do nariz pode diminuir o poder e a influência pessoal.

As pessoas com nariz grande gozam a vida em toda a sua plenitude. Consequentemente, às vezes elas têm muitos altos e baixos emocionais. Esses altos e baixos muitas vezes são infligidos por elas mesmas.

Nariz grande está relacionado com poder e sucesso. As pessoas que têm nariz menor não se preocupam tanto com poder e conquistas. Isso não significa que não possam se tornar líderes. No entanto, a liderança não vem tão naturalmente para elas como para as de nariz grande. (Outros fatores também precisam ser levados em consideração. Um maxilar proeminente e/ou maçãs do rosto bem desenvolvidas também podem indicar um líder.)

As pessoas com nariz pequeno adoram se divertir e se dão bem com todo mundo. Elas gostam de fazer parte de um grupo e raramente almejam notoriedade. Como costumam ser tímidas e reservadas, pode levar tempo para conhecê-las bem.

Há um equívoco em relação ao nariz judeu. Em geral, acredita-se que seja grande, convexo e adunco. No entanto, um estudo realizado em Nova York, em 1952, com 2.836 homens e 1.284 mulheres de origem judaica, mostrou que 57% dos homens tinham nariz chato, 14% tinham nariz côncavo, 6,4% tinham narinas largas e apenas 22,3% tinham nariz convexo.[2]

Longo e curto

O nariz aristocrático é invariavelmente longo. Entretanto, o fato de ter nariz longo não significa necessariamente que você descende da aristocracia. Na leitura do rosto, esse tipo de nariz é de alguém ambicioso, franco e sensato. Pessoas com nariz longo são responsáveis e têm bastante noção do que é certo e o que é errado. Elas gostam de elaborar um projeto inteiro e de seguir o planejamento do começo ao fim. Essas pessoas encaram a vida com muita seriedade e podem ser extremamente teimosas.

Se o seu nariz é curto, você é bastante trabalhador e às vezes tem dificuldade de dizer "não". Você é leal, sensível e solidário. Na China, acredita-se que a vida das pessoas com nariz pequeno tenha altos e baixos.

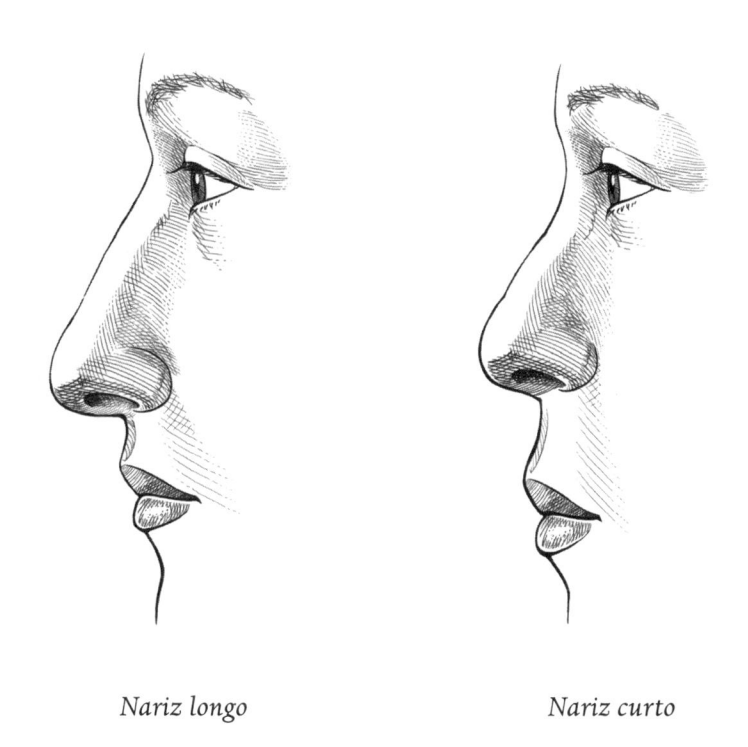

Nariz longo *Nariz curto*

A maioria das pessoas não tem nariz longo nem curto. Isso significa que elas estão preparadas para trabalhar com afinco quando necessário, mas também para diminuir o ritmo quando a pressão diminui.

Formato do nariz

Certos tipos de nariz foram denominados com base em grupos de pessoas. Por exemplo, quase todo mundo sabe o que é um nariz romano. Porém, se você fosse a Roma, veria pessoas com tudo quanto é tipo de nariz. Há dois mil anos, muitos aristocratas romanos tinham esse tipo de nariz.

Nariz romano

O nariz romano tem uma ponte alta, ou saliência, na parte de cima. Se você tem esse tipo de nariz, você gosta de assumir o controle e estar no comando. Prefere dar ordens a receber ordens. Você também administra bem o seu dinheiro e não revela detalhes da sua vida financeira.

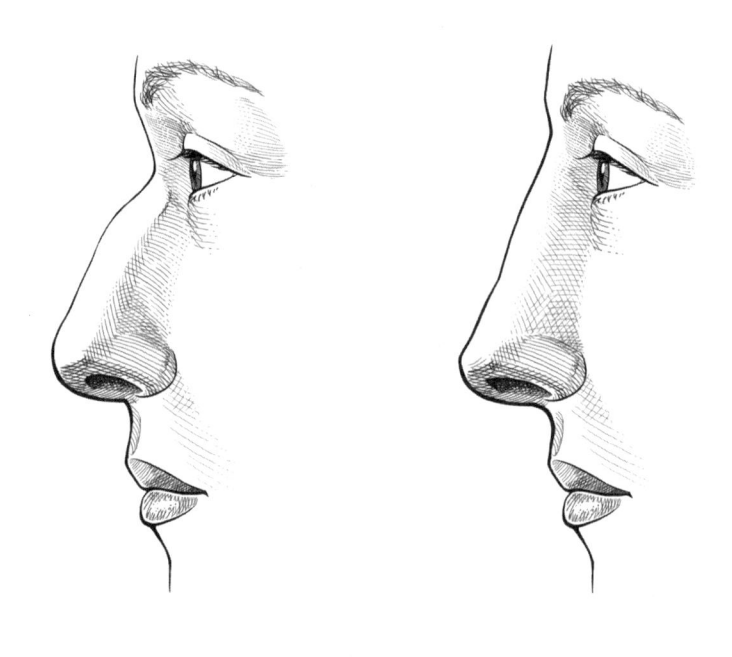

Nariz romano   *Nariz grego*

Nariz grego

Para identificar o nariz grego é preciso olhar de lado. Ele desce em linha reta a partir da testa, sem nenhuma depressão, e recebeu esse nome por ser retratado em muitas estátuas gregas antigas.

Esse tipo de nariz é raro. As pessoas com nariz grego têm uma atitude altiva e arrogante perante a vida, que elas têm de modificar para obter êxito.

Nariz reto

Pessoas com nariz reto são disciplinadas, honestas, leais, confiáveis e sempre parecem bem-sucedidas, não importa suas circunstâncias atuais. Em geral, elas alcançam o grau de sucesso a que aspiram.

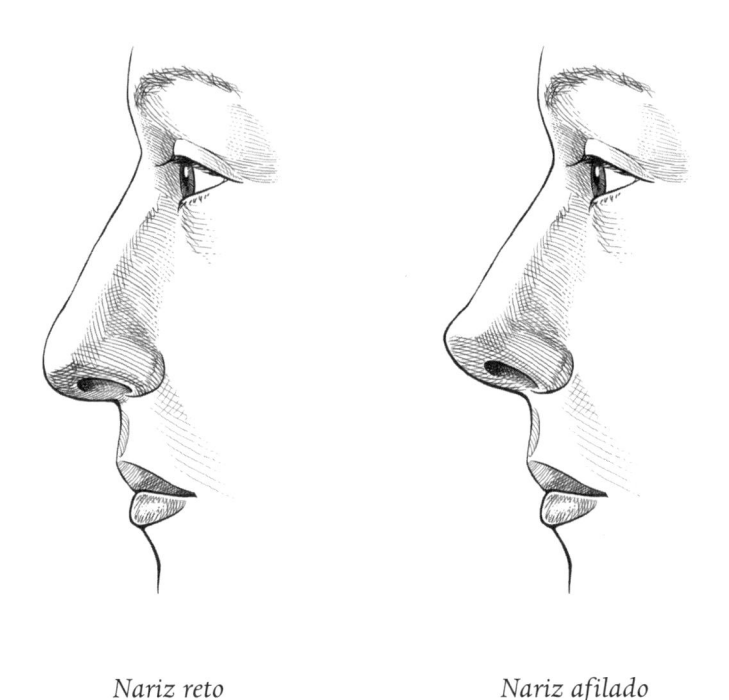

Nariz reto   *Nariz afilado*

Nariz afilado

As pessoas com nariz afilado têm uma mente inquisitiva e querem saber todos os detalhes de qualquer coisa que lhes interesse. Quando o nariz aponta para baixo, a pessoa é fria. Quanto mais acentuada for essa característica, mais fria ela será. O nariz de Josef Stalin (1879–1953), ex-líder da União Soviética, apontava para baixo. A fisiognomonia chinesa acredita que uma pessoa com nariz afilado e acentuadamente apontado para baixo não é confiável.

Nariz largo

Esse nariz parece largo quando visto de frente, e achatado quanto visto de perfil. As pessoas com nariz largo são espontâneas, extravagantes, sensuais, competentes e, às vezes, indecisas. Elas têm vários *hobbies* e interesses. São sociáveis e se dão bem com as outras pessoas. Consequentemente, fazem amizades com facilidade, aonde quer que vão. Elas gostam de ajudar os outros, e seus inúmeros amigos sabem que podem confiar nelas.

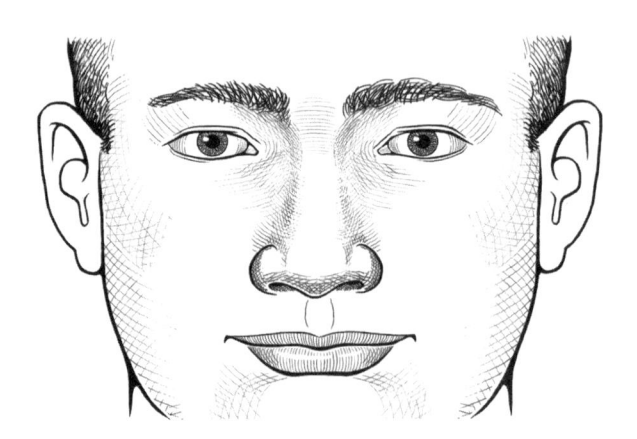

Nariz largo

Nariz arrebitado

Pessoas com nariz arrebitado que revelam as narinas são amigas, generosas, bondosas e afetuosas. Entretanto, como os chineses acham que esse tipo de nariz é infantil, eles o consideram um sinal de imaturidade. É impossível fazer com que alguém de nariz arrebitado faça algo que não queira fazer.

Nariz apontado para baixo

Pessoas com nariz apontado para baixo são argutas e capazes de avaliar rapidamente uma situação. Elas também conseguem perceber quando alguém está com segundas intenções.

Quando a ponta do nariz cobre parcialmente o sulco acima do lábio superior, a astúcia inata dessa pessoa se estende para a área financeira. Cuidadosa com dinheiro, ela gerencia bem seus investimentos.

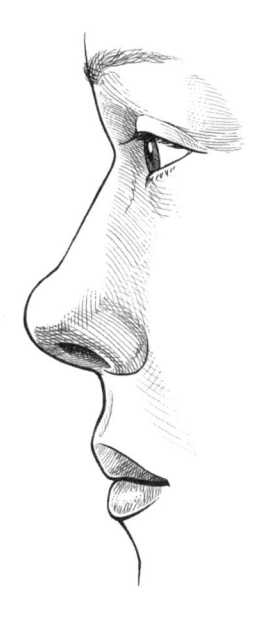

Nariz arrebitado 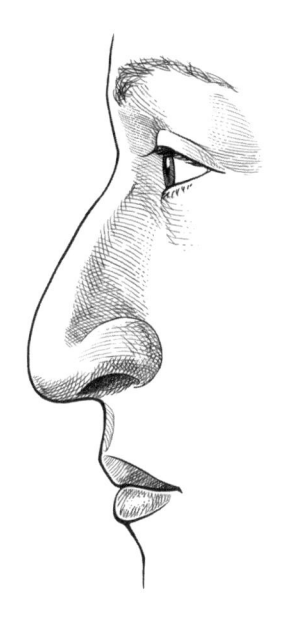 *Nariz apontado para baixo*

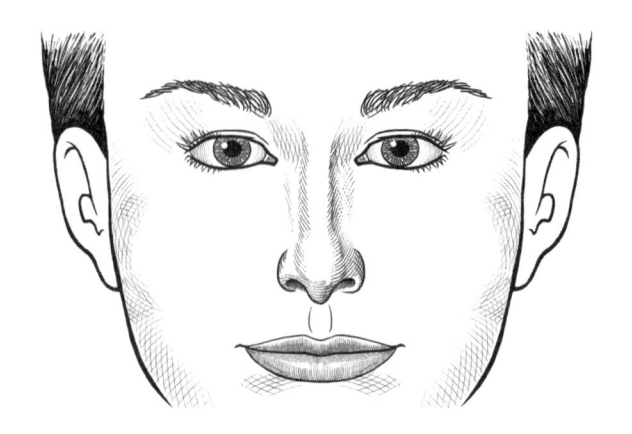

Nariz ossudo

Ossudo e carnudo

Pessoas com nariz ossudo são um pouco céticas. Elas prezam bastante seus ideais e escolhem profissões que as atraem, e não que pareçam lucrativas.

Nariz carnudo

Pessoas com nariz carnudo gostam dos confortos materiais e luxos que a vida tem a oferecer. Eu faço parte de um clube de vinhos, e cerca de três quartos dos sócios têm nariz carnudo, o que revela o seu amor por vinhos de boa qualidade.

A ponta do nariz

Ponta estreita

Pessoas com nariz de ponta estreita costumam ser acusadas de excessivamente severas e críticas. Embora de modo geral isso seja verdade, a intenção delas é das melhores, pois elas se interessam pelos outros e querem ajudá-los a concretizar seus sonhos.

Ponta larga

Pessoas com nariz de ponta larga são tolerantes, cordatas e diplomáticas. Embora às vezes possam ser críticas, geralmente elas aceitam os outros como eles são e não tentam mudá-los.

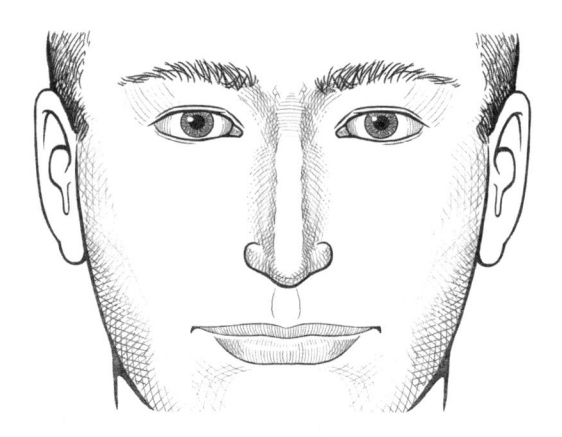

Nariz com ponta estreita

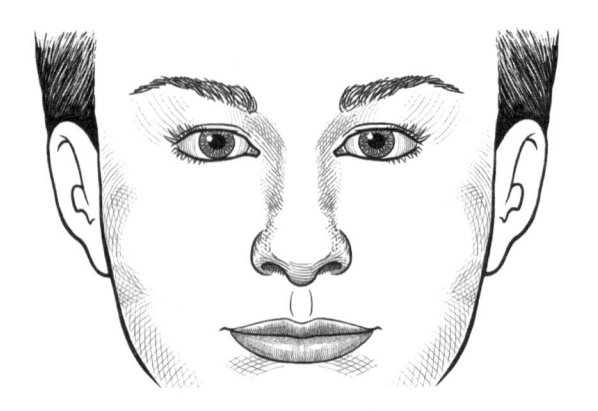

Nariz com ponta larga

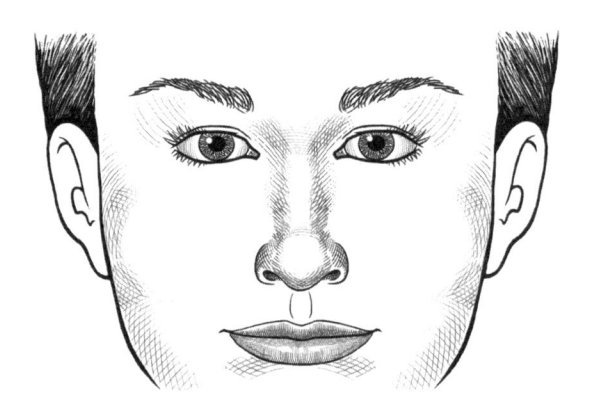

Nariz com ponta redonda

Ponta redonda

Pessoas com nariz de ponta redonda só compram o que há de melhor. Na verdade, quando não podem adquirir algo com a qualidade que desejam, preferem ficar sem do que comprar algo que esteja fora dos seus padrões estéticos e de qualidade.

Ponta carnuda

Pessoas com nariz de ponta carnuda têm bom gosto e apreciam uma boa comida e entretenimento de qualidade.

Nariz com ponta carnuda

Nariz com ponta fendida

Ponta fendida

Pessoas cujo nariz tem um leve sulco e parece maior de um lado do que do outro têm sentimentos contraditórios em relação ao seu amor pelas coisas boas da vida. Às vezes, isso as impede de se soltarem e realmente se divertirem. A vida delas costuma ser marcada por grandes altos e baixos. Essas pessoas têm uma perspectiva singular em relação à vida, o que as ajuda a ter boas ideias.

As narinas

Antigamente, as narinas mostravam como a pessoa gastava o seu dinheiro. Hoje em dia, a maior parte dos fisiognomonistas analisam as narinas para determinar como a pessoa gasta a sua energia.

Pessoas com narinas grandes gastam dinheiro facilmente e não têm nenhum problema em empregar toda a sua energia num projeto em que acreditam. Elas acham que existe muito dinheiro circulando e que receberão o seu quinhão sempre que precisarem.

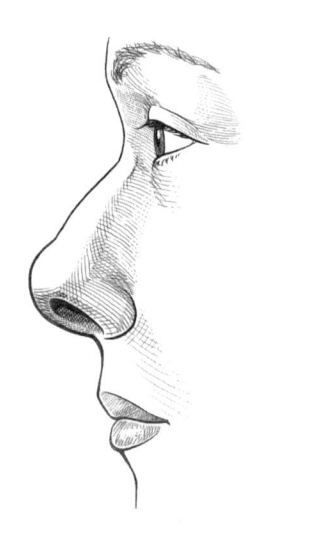

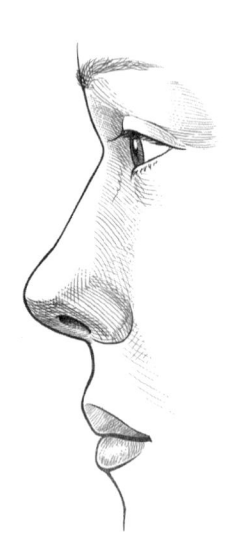

Narinas grandes   *Narinas pequenas*

A tendência que elas têm de gastar livremente nas épocas de vacas gordas pode lhes causar problemas se ocorrer algum revés financeiro. Isso se aplica sobretudo quando as narinas são bem visíveis quando olhamos alguém de frente. Essas pessoas também são independentes e têm dificuldade de pedir ajuda ou conselho.

Pessoas com narinas pequenas conseguem conservar seu dinheiro e sua energia. Comedidas, só compram algo quando realmente precisam. Elas gostam de terminar uma tarefa antes de começar outra.

No próximo capítulo, vamos analisar a parte do rosto mais associada à comunicação verbal: a boca.

Capítulo 5

A BOCA E O FILTRO

*O caráter é como os lábios. Lábios firmes, caráter firme;
lábios fracos, caráter fraco e vacilante.*
— JOHANN KASPAR LAVATER

A boca é o traço mais sensual do rosto. Há milhares de anos, as mulheres têm usado batom para ficarem mais atraentes e sensuais. Cleópatra (69-30 a.C.), rainha do Egito, usava batom feito de besouros carmim e formigas esmagados. A boca é usada para beijar, e uma análise dos lábios pode revelar que tipo de amante alguém será.

A boca desempenha um papel importante na leitura do rosto, pois revela até que ponto uma pessoa é generosa, seus sentimentos em relação à sua casa e aos seus entes queridos e a sua capacidade de cuidar dos outros. Alguns retratistas afirmam que o caráter da pessoa pode ser determinado pela boca.[1]

A boca pode ser grande, média ou pequena. Para determinar isso é preciso analisar outras características do rosto, pois uma boca grande numa pessoa pode ser menor em outra.

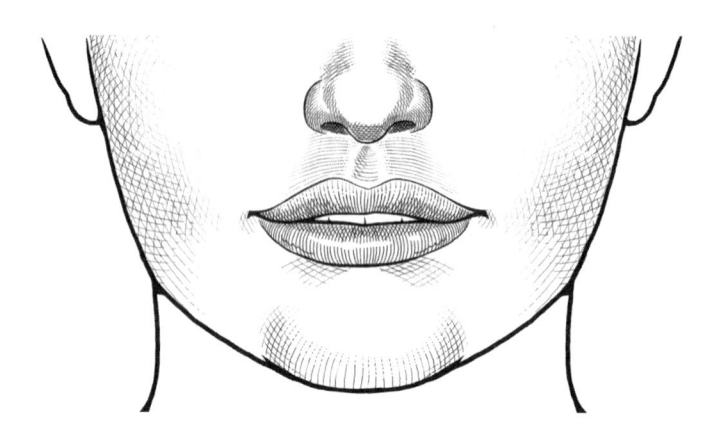

Boca grande

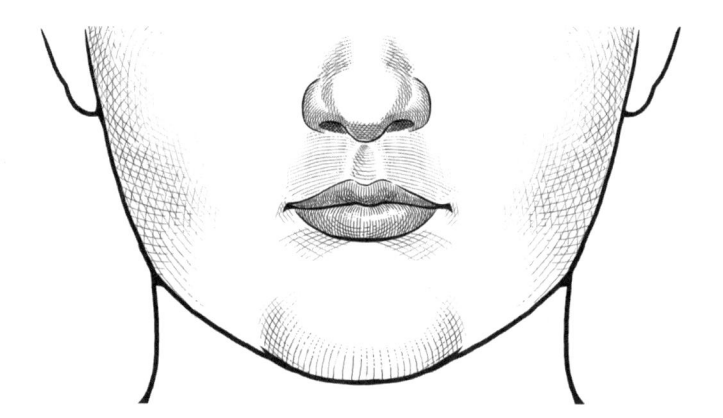

Boca pequena

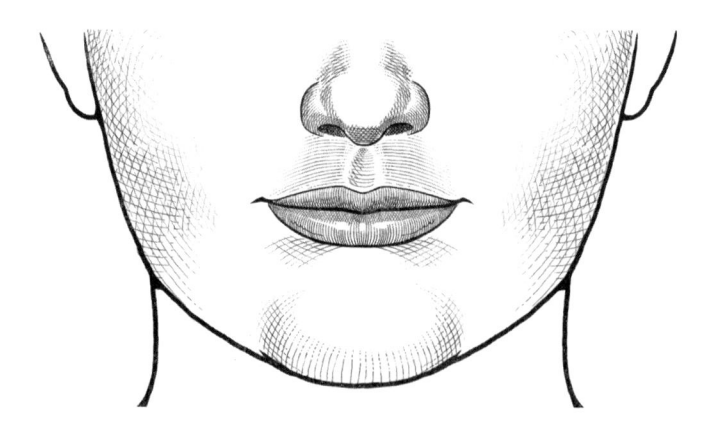

Boca média

Se tiver dificuldade para determinar o tamanho da boca de alguém, trace duas linhas imaginárias a partir do centro da íris dos dois olhos. Se essas linhas imaginárias passarem nas extremidades da boca, a pessoa tem uma boca de tamanho médio.

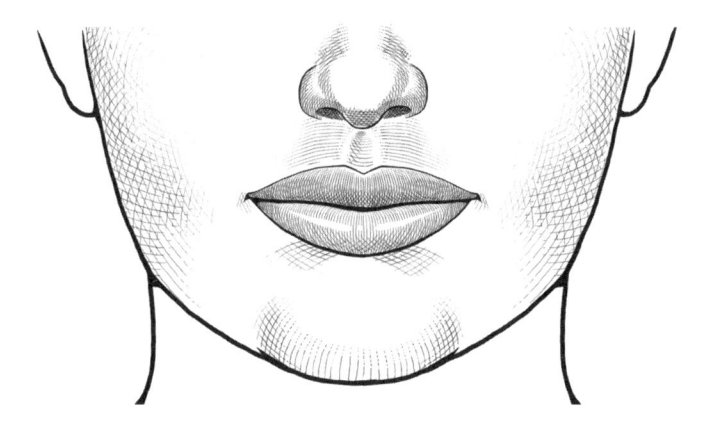

Boca larga

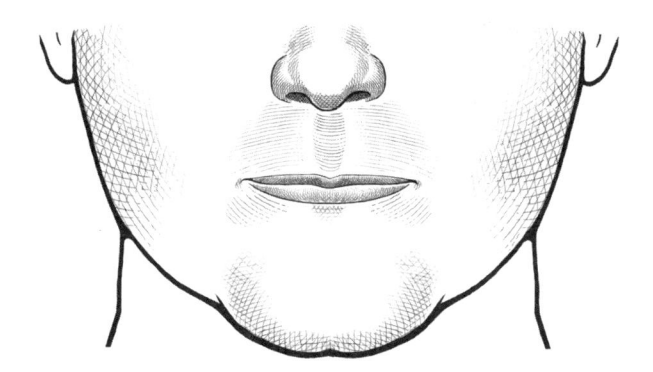

Boca estreita

Pessoas com boca grande são generosas e perdoam rapidamente. O lar, os amigos e a vida familiar são importantes para elas. Elas gostam de passar momentos agradáveis com aqueles que amam, adoram sexo e são amantes ardorosos e apaixonados. David Letterman, Joan Rivers e Julia Roberts têm boca grande.

Pessoas com boca pequena são autoconfiantes e batalham para atingir seus objetivos. Elas têm mais dificuldade de manter relacionamentos do que as de boca grande. Apesar de serem mais retraídas no sexo, dizem que a vida sexual delas é melhor. Essas pessoas têm dificuldade de fazer confidências, ficam frustradas com facilidade e não conseguem mentir de maneira convincente. Barbara Walters é um bom exemplo de pessoa bem-sucedida que tem boca pequena.

A maioria das pessoas tem boca de tamanho médio. Elas conseguem se relacionar bem com os outros. São tolerantes, adaptáveis e – em geral – honestas. Johnny Carson é um bom exemplo de alguém que tem boca de tamanho médio.

Pessoas com boca larga têm personalidade positiva e riem muito. Sua cabeça é regida pelo coração. Elas adoram aventura e emoção, e isso pode representar um problema para a maioria dos empregos com jornada de trabalho de oito horas diárias. O ideal para elas é um trabalho que tenha muita mudança e variedade.

As pessoas com boca estreita são regidas pela cabeça, e não pelo coração. Elas têm os pés do chão, são práticas, sérias e muitas vezes introvertidas. O interessante é que, se elas se forçarem a sorrir e a rir com maior frequência, sua boca vai alargar e elas vão curtir muito mais a vida. A vida ficará melhor também para quem convive com elas.

Lábios

Lábios cheios

As pessoas com lábios cheios são sensuais, emotivas, cordiais, sociáveis e afetuosas. O ex-presidente Jimmy Carter tinha lábios cheios.

Quando o lábio superior é mais cheio que o inferior, a pessoa fala livremente sobre qualquer assunto. Afetuosa, amorosa e solidária, ela também sente uma grande necessidade de ser amada e valorizada.

Quando o lábio inferior é mais cheio que o superior, a pessoa é motivada, sensual e tem um grande ego. No entanto, embora seja uma boa comunicadora, ela não gosta de discutir assuntos pessoais ou íntimos.

Quando o lábio inferior é muito mais cheio que o superior, a pessoa adora falar e é extremamente persuasiva. Não admira, portanto, que muitas delas gostem de falar em público e prefiram trabalhar nas áreas de vendas, entretenimento, magistério e política. Larry King, Matt Damon, Margaret Thatcher e Elvis Presley são exemplos de pessoas com lábios inferiores bem cheios.

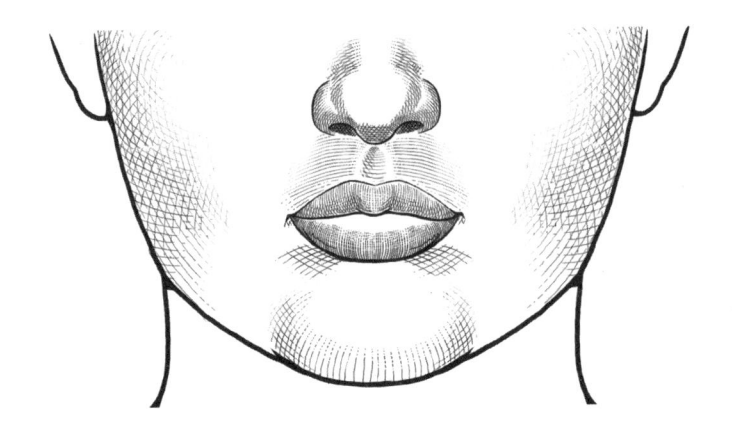

Lábios cheios

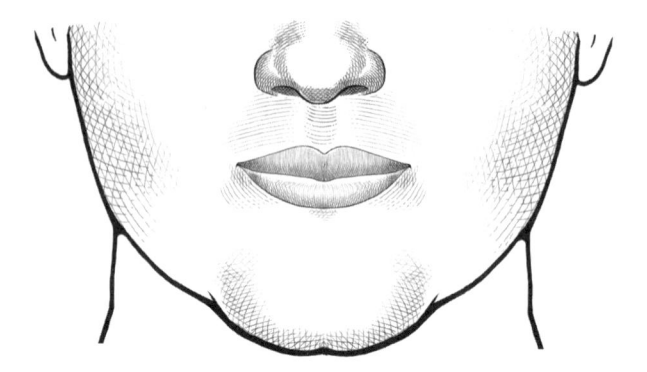

Lábio superior mais cheio que o inferior

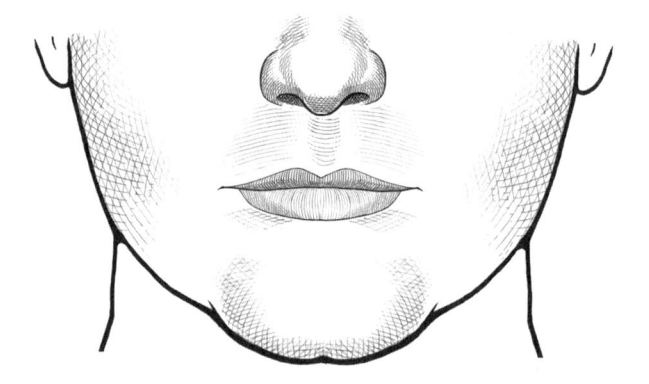

Lábio inferior mais cheio que o superior

Lábios finos

As pessoas com lábios finos são determinadas, persistentes e decididas. Mais reservadas do que as de lábios cheios, elas mantêm um rígido controle sobre seus pensamentos e sentimentos. Elas se expressam bem, contanto que não seja sobre assuntos pessoais, e em geral são boas comunicadoras.

Não é por acaso que muitos políticos têm lábios finos. O ex-presidente George W. Bush é um bom exemplo. Uma de suas citações mais famosas é: "Leia meus lábios: não haverá novos impostos".

Pessoas com lábios finos não gostam de ser ridicularizadas nem ser alvo de deboche. Pessoas com lábios extremamente finos são emocionalmente frias e duras consigo mesmas e com os outros. Os aspectos negativos dos lábios extremamente finos são amenizados por um nariz de ponta redonda. Lábios finos podem representar uma vantagem nos negócios, em que as pessoas precisam ser capazes de guardar segredo.

Pessoas com boca grande e lábios finos costumam ser muito bem-sucedidas financeiramente. Elas falam com desenvoltura, mas sabem quando devem ficar caladas.

Quando o lábio superior é visivelmente mais fino que o inferior a pessoa é criativa, lógica e cheia de ideias práticas. Ela também é reticente, e muitas vezes guarda para si as suas ideias. Essa pessoa prefere observar o que está acontecendo do que ser o centro das atenções. Essa combinação é mais comum em homens do que em mulheres.

Quando o lábio superior é visivelmente mais grosso que o inferior a pessoa precisa de uma vida repleta de ação e emoção. Essa necessidade é tão forte que, se for preciso, ela vai criar essas oportunidades.

Quando o lábio inferior é visivelmente mais fino que o superior a pessoa é tímida, quieta e recolhida. Ela gosta de desfrutar da companhia do seu pequeno e seleto grupo de amigos e evita aglomerações e lugares movimentados.

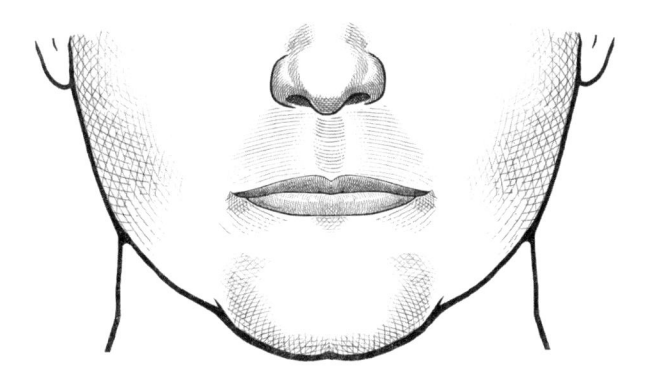

Lábios finos

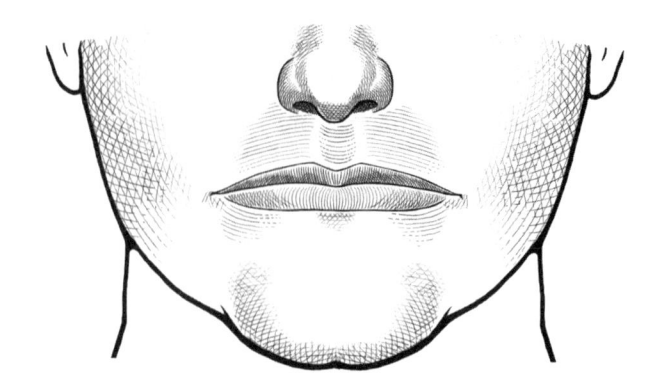

Boca grande e lábios finos

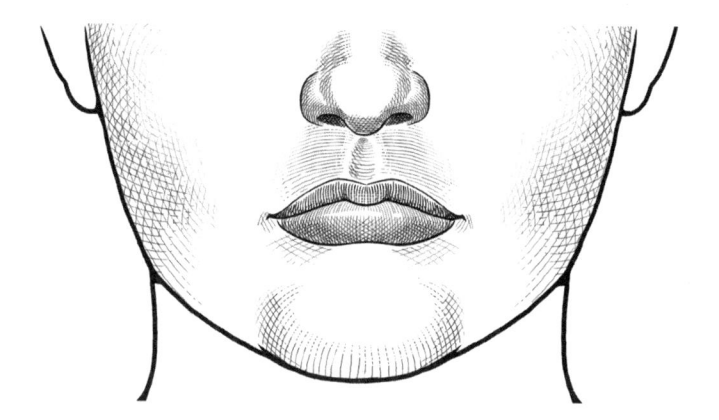

Lábio superior mais fino que o inferior

Lábio superior mais grosso que o inferior

Lábios salientes

Pessoas com o lábio superior saliente são bondosas e compreensivas. Elas não gostam de confrontos e têm dificuldade de defender seus pontos de vista. Elas também têm dificuldade de discutir assuntos íntimos, mas podem ser extremamente sensuais com o parceiro certo.

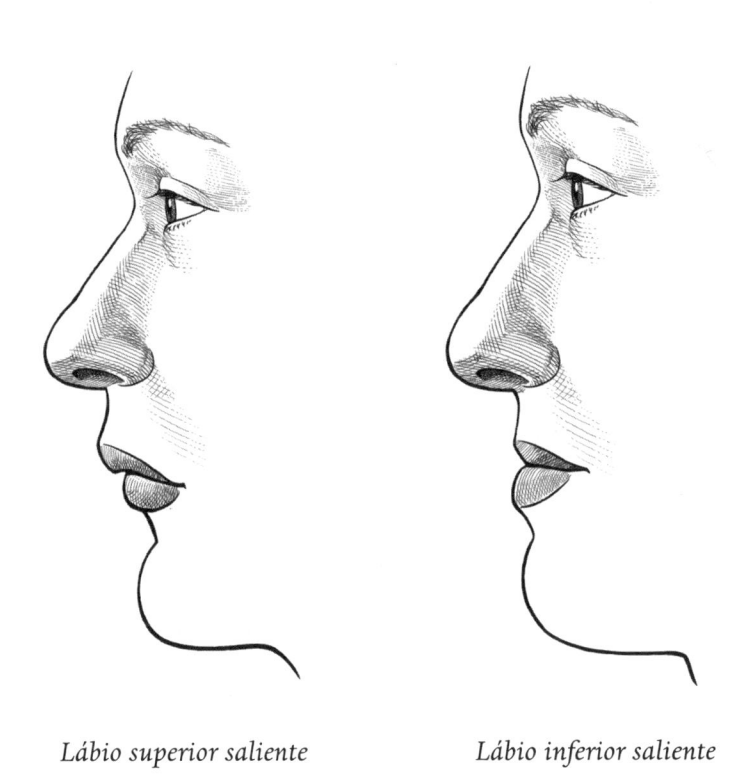

Lábio superior saliente   *Lábio inferior saliente*

Pessoas com o lábio inferior saliente não têm nenhuma dificuldade em se defender, e também estão dispostas a defender aqueles que são incapazes de fazer isso.

Lábio inferior extremamente saliente   *Os dois lábios salientes*

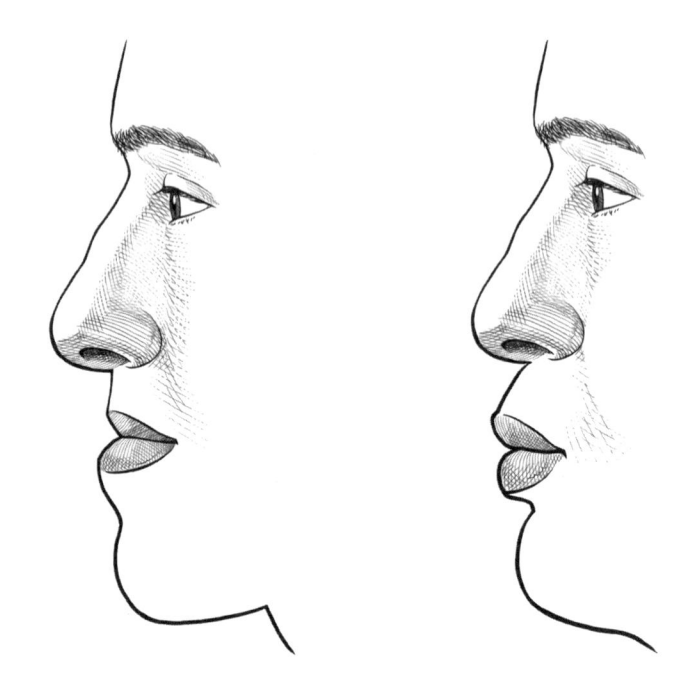

Entretanto, pessoas com o lábio inferior extremamente saliente são impetuosas, determinadas e tenazes. Elas estão preparadas para lutar por aquilo que querem.

Quando os dois lábios são salientes, a pessoa é honesta, sincera e bastante íntegra.

Boca curvada para cima e para baixo

As pessoas que têm a boca curvada para cima são consideradas alegres, positivas, otimistas, brincalhonas e divertidas. As que têm a boca curvada para baixo são consideradas pessimistas, desanimadas, amargas e tristes. O ex-presidente americano Richard Nixon (1913-1994) tinha esse tipo de boca. Essas características são exacerbadas quando o lábio inferior se projeta além do lábio superior.

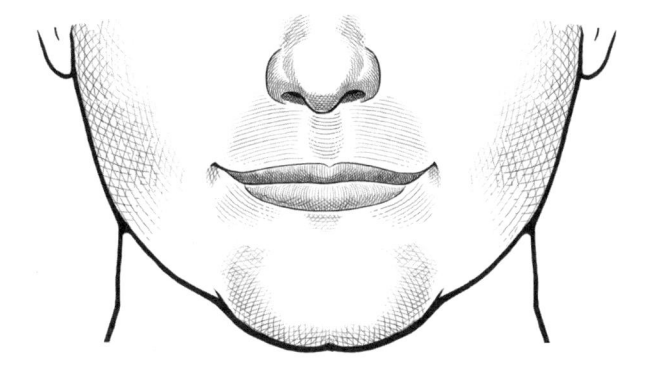

Boca curvada para cima

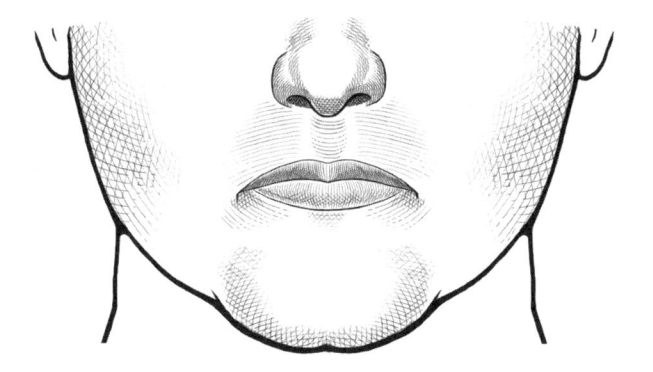

Boca curvada para baixo

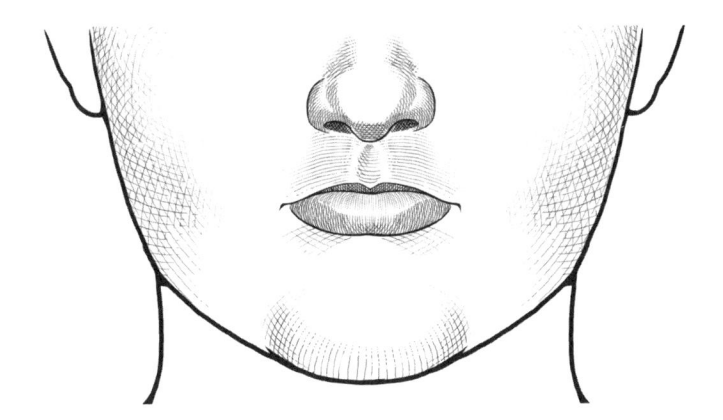

Boca de "beicinho"

Beicinho

As pessoas que costumam fazer beicinho são consideradas mal-humoradas. Elas se veem como vítimas e culpam os outros por tudo o que acontece de errado na vida delas.

O filtro labial

Filtro é um sulco vertical que conecta o lábio superior com o centro da base do nariz. Seu nome deriva do grego, *philtron*, que significa "poção do amor", pois os antigos gregos consideravam o filtro uma poderosa zona erógena. Filtro profundo é sinal de fertilidade.

Há uma história encantadora sobre a origem do filtro. O arcanjo Gabriel é considerado o arcanjo do parto. Como parte do seu trabalho, ele ensina os bebês, ainda no ventre da mãe, a sua missão nessa vida e os faz jurar guardar segredo. Para selar esse juramento, Gabriel pressiona o dedo sobre os lábios dos bebês, criando uma fenda, ou filtro, sob o nariz.[2]

Na leitura chinesa do rosto, o *ren zhong*, ou filtro, está relacionado com a duração da vida. Pessoas com filtro longo têm vida mais longa do que pessoas com filtro curto.

Filtro curto

Quando a distância entre o lábio superior e a base do nariz é curta, o filtro também é curto. Pessoas com filtro curto detestam que caçoem ou debochem delas.

Filtro longo

Pessoas com filtro longo são o oposto. Elas gostam que tirem sarro delas e não se importam de ser objeto de piadas.

Filtro profundo

Um filtro profundo e bem marcado é sinal de criatividade e fertilidade. Muitas pessoas que trabalham com arte têm filtros proeminentes. É claro que é possível ser extremamente criativo e ter uma família grande sem um filtro bem definido. O filtro é apenas um dos sinais de criatividade. Filtro profundo também é sinal de energia abundante.

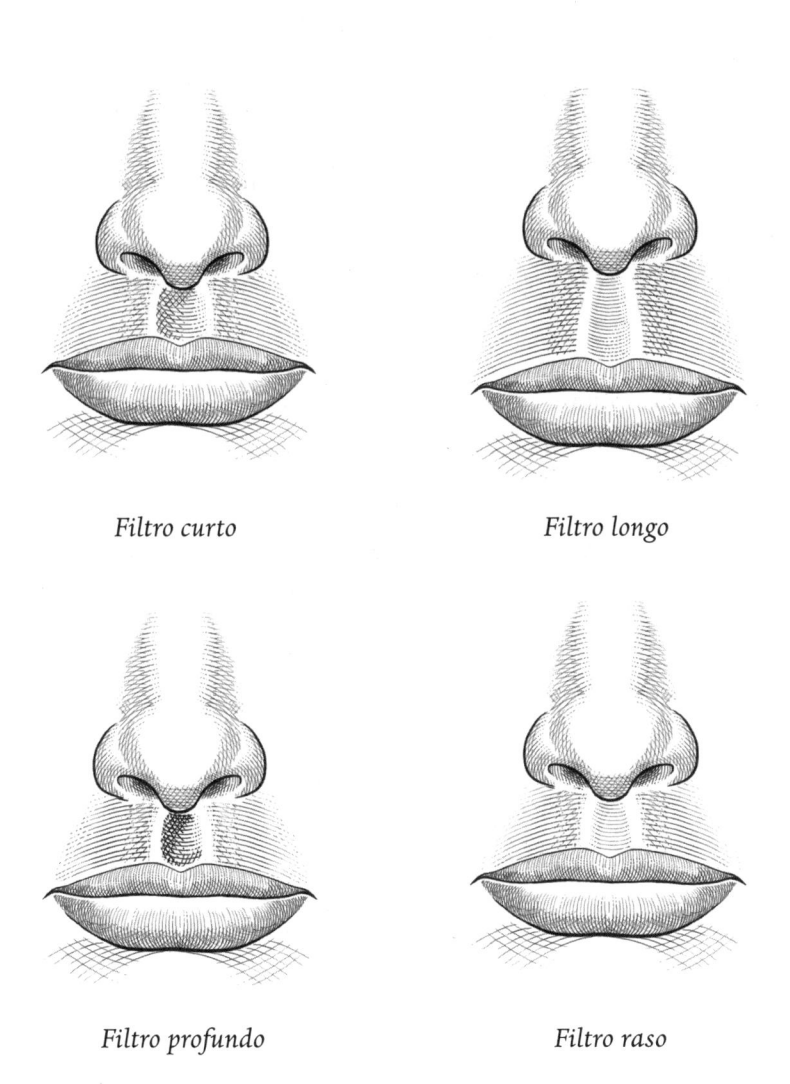

Filtro curto

Filtro longo

Filtro profundo

Filtro raso

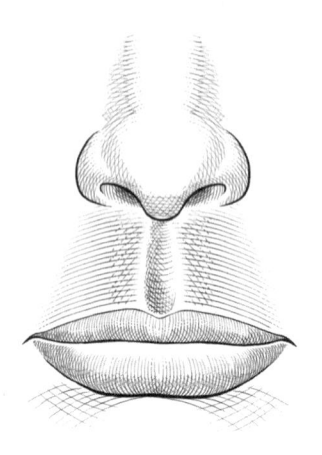

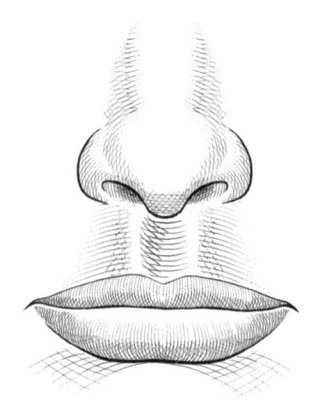

Filtro longo e profundo   *Filtro paralelo*

Filtro raso

Pessoas com filtro quase imperceptível não têm energia nem determinação. Elas só serão bem-sucedidas se encontrarem um parceiro com filtro profundo para estimulá-las e compensar a sua falta de filtro.

Filtro longo e profundo

Pessoas com filtro longo e profundo são extremamente dedicadas à família e se sentem mais felizes numa relação estável com filhos. Filhos são importantíssimos para elas. Se elas não tiverem a sua própria família, o seu instinto materno se manifestará em alguma forma de criatividade.

Filtro paralelo

Pessoas com filtro da mesma largura de cima até embaixo são boas administradoras. Em geral, conquistam cargos mais elevados e são bem-sucedidas. Pessoas com filtros paralelos, longos e profundos têm uma boa vida familiar e profissional.

Mais largo na parte superior

Pessoas com filtro largo na base do nariz e estreito perto dos lábios são mais bem-sucedidas na primeira metade da vida.

Mais largo na parte inferior

Pessoas com filtro que se alargam na direção dos lábios continuam a adquirir conhecimentos, sabedoria e riqueza ao longo da vida. Essa característica também indica casamento tardio.

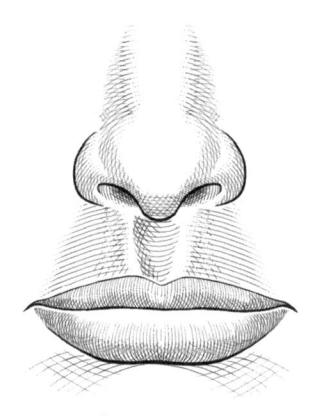

Filtro mais largo na parte superior

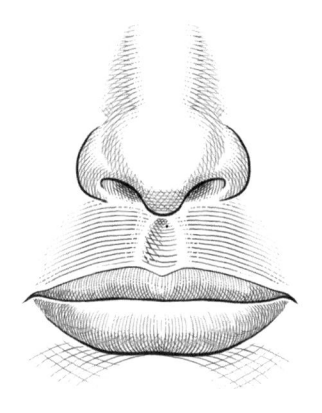

Filtro mais largo na parte inferior

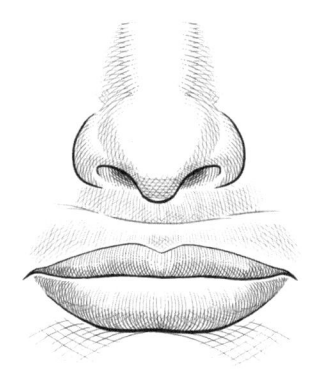

Linhas horizontais no filtro

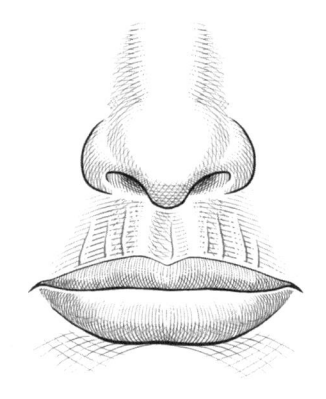

Linhas verticais no filtro

Linhas horizontais no filtro

Linhas horizontais no filtro podem indicar problemas com o sistema reprodutivo. No caso de mulheres, elas podem perder um bebê por aborto espontâneo ou induzido, fazer histerectomia ou ter problemas durante a menopausa.

Linhas verticais no filtro

Uma linha vertical no filtro tem dois significados. Pode estar relacionado com dificuldades de expressar criatividade ou indicar problemas causados por estresse com um ou mais filhos.

No próximo capítulo, vamos passar para a testa.

Capítulo 6

A TESTA

Na minha opinião, o formato e a posição da testa... são os aspectos mais importantes na observação fisiognomônica.
— JOHANN KASPAR LAVATER

A testa desempenha um papel importante na leitura do rosto. No primeiro capítulo, vimos que era o primeiro dos três segmentos horizontais do rosto a se desenvolver totalmente. Assim como a cabeça, a testa também pode ser dividida em três partes horizontalmente. A porção superior, junto à linha do cabelo, corresponde ao Céu. A porção média corresponde ao Homem, e a porção inferior, imediatamente acima dos olhos, corresponde à Terra. O ideal é que todas as partes sejam amplas e uniformemente abaulada. Entretanto, o fato de uma parte ser mais proeminente que as outras fornece dicas sobre os talentos e habilidades herdados.

A testa

Céu

A porção Céu revela as qualidades herdadas dos ancestrais: inteligência aguçada, bondade, generosidade e amor pela família.

Humana

A porção Humana revela as qualidades herdadas dos pais: bom senso, uma perspectiva realista sobre a vida e valores morais arraigados.

Terra

A porção Terra revela as qualidades aprendidas com a própria experiência: um ouvido amigo, uma abordagem sensual e forte intuição.

Testa proeminente

A testa proeminente é abaulada a partir da linha do cabelo. Ela pode ser estreita ou larga, mas é sempre abaulada quando vista de lado. Pessoas com testa proeminente têm muita energia e gostam de pensar, analisar, imaginar e bolar novas ideias. Elas são persistentes, determinadas e interessadas em aprender. Albert Einstein tinha testa proeminente.

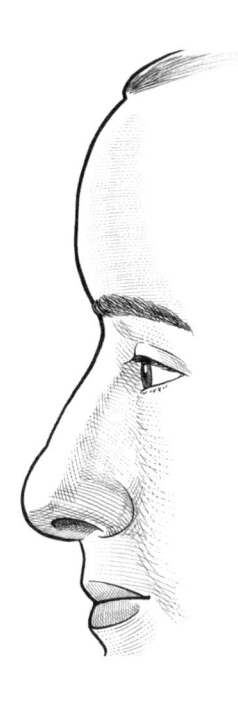

Testa proeminente

Testa grande

A testa grande é larga e, de preferência, alta. Pessoas com testa grande têm mentalidade aberta e vários interesses e habilidades. Elas preferem ter uma visão global a se preocupar com detalhes. Em geral, acabam sabendo um pouco de tudo, em vez de dominar um ou dois assuntos. Graças ao seu fascínio por novos interesses, elas conservam o coração sempre jovem. Essas pessoas nasceram para organizar e liderar. Não admira que muitas vezes ocupem cargos que lhes permitem exercer autoridade e colocar seus talentos em prática. Como são tão boas organizadoras, geralmente são bem-sucedidas naquilo que fazem. Elas encaram a vida de modo prático e realista.

Testa grande

Testa estreita

As pessoas com testa estreita são, em muitos aspectos, o oposto das que têm testa grande. Em geral, elas têm poucos interesses e ficam fascinadas com os fatos e detalhes relacionados a eles. Dão excelentes pesquisadores, pois querem saber tudo o que for possível sobre os tópicos que escolheram.

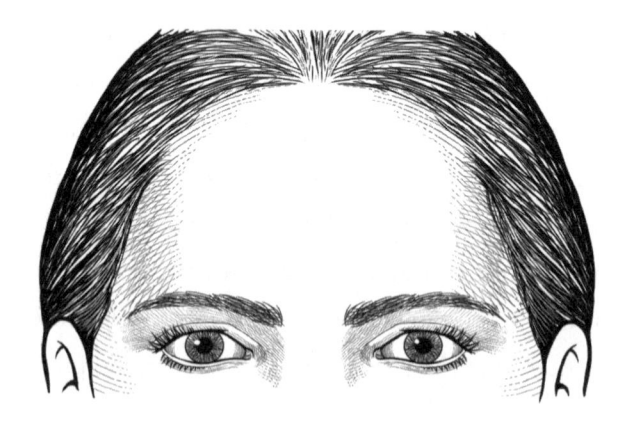

Testa estreita

Essas pessoas não são práticas e às vezes não conseguem ver o todo, pois estão muito ocupadas com os detalhes. Cordatas, não gostam de causar problemas Elas gostam de se enturmar e de bater longos papos com pessoas que compartilham de suas ideias. Elas não querem ser líderes e ficam felizes em contribuir nos bastidores.

Testa alta

Testa alta

Pessoas com testa alta são inteligentes, inovadoras e interessadas em aprender. Elas têm memória retentiva. O tipo de aprendizado varia e é determinado pela largura da testa. Essas pessoas gostam de observar, refletir e tirar suas próprias conclusões. Charles Dickens (1812-1870), escritor inglês, tinha testa alta e grande.

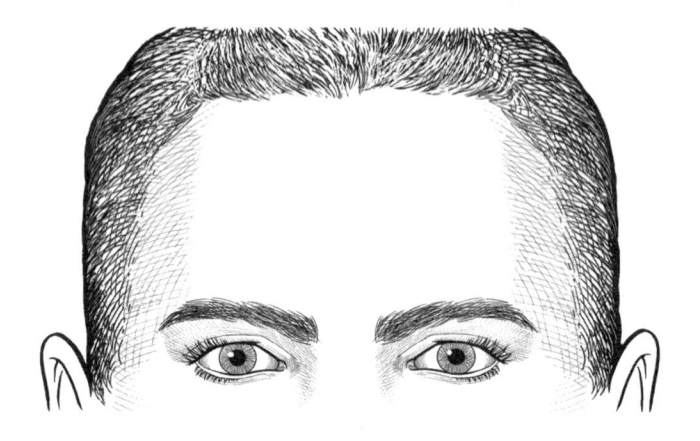

Testa quadrada

Testa baixa

Testa quadrada

A testa quadrada é larga e alta. Pessoas com testa quadrada são inteligentes, bastante organizadas, confiáveis. Elas analisam cuidadosamente cada aspecto de uma situação antes de agir, são conservadoras e mantêm os pés firmes no chão. Quando necessário, podem ser extremamente corajosas. Essas pessoas estão preparadas para trabalhar pacientemente durante muitos anos para obter sucesso.

Testa baixa

Pessoas com testa baixa gostam de pensar cuidadosamente antes de tomar uma decisão. Elas não gostam de ser apressadas. Depois que tomam uma decisão, é muito difícil fazer com que mudem de ideia. Elas são pacientes, conscienciosas e persistentes.

Testa plana

Pessoas cuja testa sobe em linha reta a partir das sobrancelhas são analíticas, determinadas, pacientes e discretas. Elas gostam de problemas, pois sentem prazer em analisá-los e solucioná-los.

Testa convexa

Pessoas com testa convexa são independentes, inovadoras e quase sempre carismáticas. Elas se dão bem com os outros e costumam ser bem-sucedidas nos negócios.

Testa côncava

Pessoas com testa côncava têm poucos interesses, aos quais se dedicam com paixão. Apesar de trabalharem com afinco e por vezes serem bem-sucedidas financeiramente, elas tendem a ser subestimadas. Por esse motivo, muitas escolhem ocupações que não requerem muito contato com outras pessoas.

Testa abaulada

Pessoas com testa grande e arredondada como uma cúpula têm algum tipo de talento criativo. (É mais fácil identificar esse tipo de testa de perfil.) Isso não significa que elas trabalhem necessariamente no campo artístico, mas certamente usarão sua criatividade no seu trabalho ou *hobby*. Uma vez por ano, um jardineiro vem podar as árvores do jardim da minha casa.

A testa dele é magnificamente abaulada. Ele se orgulha do seu trabalho e, quando termina, todas as árvores estão perfeitamente formatadas e aparadas. Ele usa a sua criatividade todos os dias. Tanto o arquiteto que fez a planta de um anexo da casa da minha filha como a minha professora de piano também tinham testa abaulada.

Testa plana

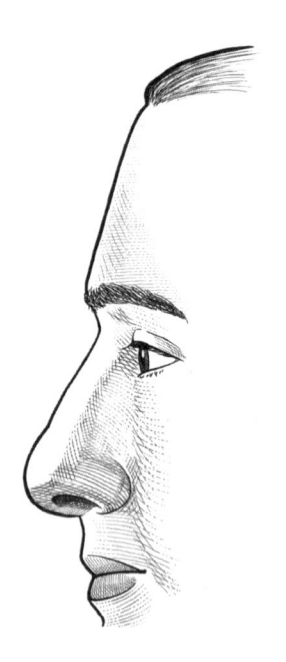

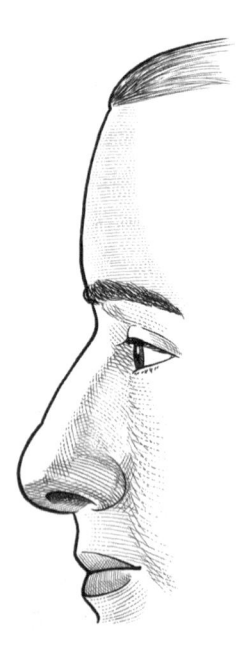

Testa côncava   *Testa convexa*

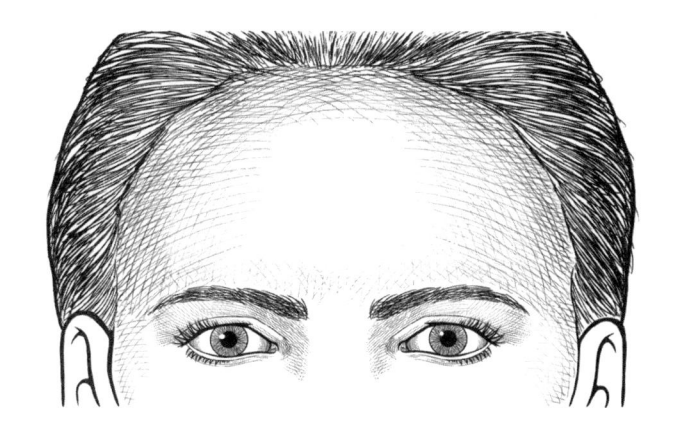

Testa abaulada

Testa arredondada

Testa arredondada

A testa arredondada não é tão evidente nem tão pronunciada como a testa abaulada. As pessoas com testa assim são inventivas e têm muita imaginação. É importante que seu trabalho seja bastante estimulante, pois elas se entediam facilmente e se refugiam em seu próprio mundo. Elas estão sempre sonhando acordadas.

Testa inclinada

Pessoas cuja testa se inclina para trás a partir das sobrancelhas são capazes de propor soluções originais para os problemas. Elas conseguem fazer várias coisas ao mesmo tempo; no entanto, muitas vezes assumem tarefas demais e têm dificuldade de concluir tudo. Elas preferem resolver os problemas sozinhas e, consequentemente, cometem erros ao longo da vida. Entretanto, muitas são empreendedoras e acabam sendo muito bem-sucedidas.

Testa inclinada

Marcas na testa

Girolamo Cardano (1501-1576), astrólogo e médico italiano, desenvolveu um sistema de interpretação das linhas da testa para determinar a personalidade e o destino de uma pessoa. Ele chamou seu sistema de *metoposcopia*, de *metapon*, "testa" em grego. Cardano afirmava que podia dizer se uma mulher tinha cometido adultério e se alguém tinha caráter nobre ou era um cafajeste. Seu livro minucioso sobre o assunto, contendo mais de 800 ilustrações de diferentes traços de caráter, foi publicado em 1658, em Paris, com o título de *Metoposcopia*.

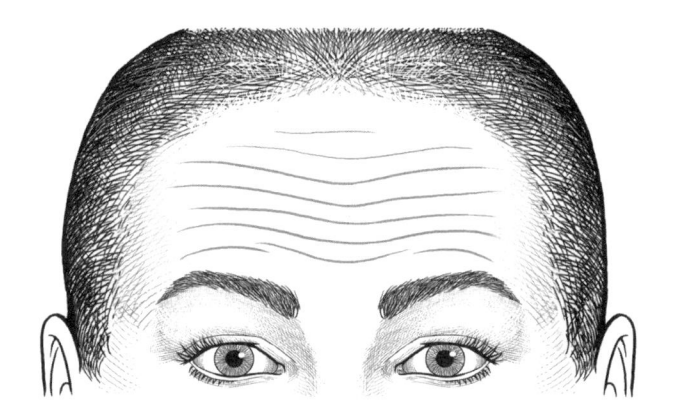

Linhas longas e ininterruptas na testa

Linhas horizontais separadas na testa

Como era principalmente astrólogo, Girolamo Cardano usou os sete planetas conhecidos na época para denominar as sete linhas horizontais que podem ser encontradas na testa. A linha mais próxima das sobrancelhas foi chamada de Lua, e as outras seis linhas em ordem ascendente receberam o nome de: Mercúrio, Vênus, Sol, Marte, Júpiter e Saturno. Na prática, poucas pessoas têm todas as sete linhas. A maioria tem duas, três ou quatro.

Linhas retas longas e ininterruptas que cruzam a testa horizontalmente indicam honestidade, abertura e simplicidade da alma. Isso se aplica a qualquer planeta a que a linha corresponda. Três linhas horizontais bem separadas revelam um forte lado espiritual. Linhas curtas verticais indicam mudanças súbitas e inesperadas.

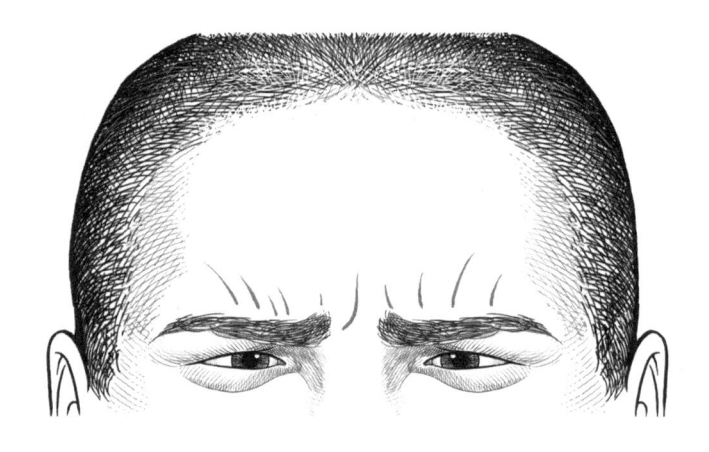

Linhas verticais curtas na testa

Linhas verticais e horizontais na testa

Cada uma dessas possibilidades foi ilustrada em seu livro. Consequentemente, as ilustrações mostram uma variedade de futuros intrigantes. Há uma mulher atraente que corre o risco de ter morte violenta causada por veneno, aço, fogo ou conspiração de outras mulheres. Há uma mulher com seis linhas horizontais e uma única linha de expressão vertical que é claramente uma adúltera. De acordo com Girolamo Cardano, ela terminaria seus dias como mendiga. Outra ilustração mostra um homem com três linhas distintas na testa, mostrando que ele era devasso e desonesto, e também que tinha uma escrava para satisfazer a sua luxúria. Além disso, ele perderia sua considerável fortuna.

O trabalho de Girolamo Cardano é extraordinário; porém, com pelo menos 800 características para aprender e memorizar, não admira que poucas pessoas pratiquem metoposcopia nos dias de hoje.[1]

Rugas na testa

Embora poucas pessoas estejam preparadas para aprender todas as características citadas por Girolamo Cardano, a maioria dos fisiognomonistas atuais presta atenção às linhas horizontais e verticais encontradas na testa.

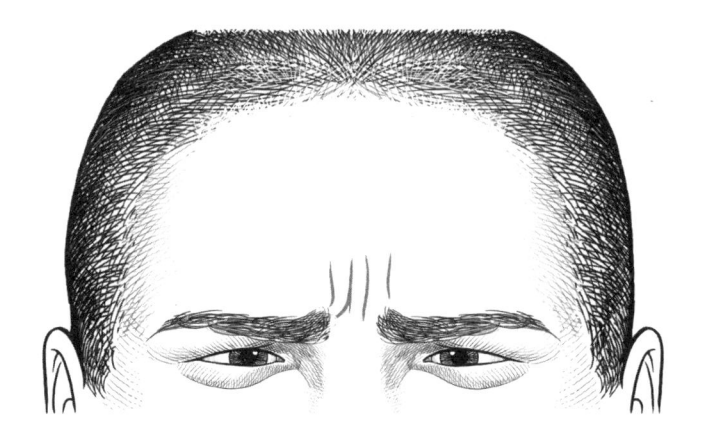

Três ou quatro linhas de expressão

Três ou quatro linhas de expressão

Pessoas com três ou quatro linhas de expressão são lógicas, atenciosas, trabalhadoras e persistentes. Elas gostam de analisar tudo com cuidado antes de decidir o que fazer, e só prosseguem quando têm confiança na sua decisão. Leais e responsáveis, elas se preocupam com todos da família.

Uma linha horizontal

Uma linha horizontal geralmente é encontrada em pessoas com testa pequena. Normalmente revela uma infância difícil.

Essas pessoas são muito trabalhadoras e costumam ser bem-sucedidas, graças à sua persistência e determinação. Elas cuidam dos próprios interesses e prestam pouca atenção às necessidades e desejos dos outros.

Duas linhas horizontais

Duas linhas horizontais na testa estão relacionadas com os relacionamentos da pessoa e também com seu *status* e reputação.

Se a linha superior for mais curta e menos aparente que a inferior, a pessoa não conseguirá ter o apoio da família e dos amigos nos momentos difíceis.

Se as duas linhas forem longas e profundas, ela se relacionará bem com os outros e se sairá bem em qualquer área em que usou suas habilidades. Esse é um sinal de popularidade.

Três linhas horizontais

Três linhas horizontais na testa indicam alguém que se preocupa demais. Quanto mais profunda a linha, maior o número de preocupações. No entanto, essa pessoa também tem memória retentiva e – apesar de se preocupar primeiro consigo mesma – consegue resolver muito bem os seus problemas. Quem tem três linhas horizontais na testa geralmente é bem-sucedido na vida. Segundo um velho provérbio chinês, um homem com três linhas horizontais na testa se tornará rei.

Nenhuma linha horizontal

As pessoas que não têm nenhuma linha horizontal na testa raramente são levadas a sério quando jovens, pois a ausência de linhas faz com que pareçam imaturas. Entretanto, em geral elas começam a obter êxito na meia-idade e continuam a parecer mais jovens do que realmente são até uma idade avançada.

Uma linha de expressão

Pessoas com uma linha vertical entre as sobrancelhas são teimosas e persistentes. Qualquer sucesso é conquistado por meio de muito trabalho e perseverança, seja a que preço for.

Essas pessoas não são muito românticas e encaram a vida familiar como uma obrigação.

Duas linhas de expressão

Pessoas com duas linhas verticais entre as sobrancelhas são amorosas, compreensivas, solidárias e se dão bem com praticamente todo mundo. Elas gostam da vida conjugal e familiar e fazem tudo o que podem para garantir que seus entes queridos sejam amados e bem tratados.

Duas linhas de expressão

Linhas de expressão anguladas

Linhas de expressão anguladas

Pessoas com linhas anguladas ou horizontais entre as sobrancelhas têm reações exageradas e perdem a calma com facilidade. Isso é sinal de imaturidade, e muitas acabam moderando suas reações aos poucos devido a todo o estresse, desarmonia e tristeza resultantes.

No próximo capítulo, vamos analisar a área situada abaixo dos olhos e entre o nariz e as orelhas: as maçãs do rosto.

Capítulo 7

AS MAÇÃS DO ROSTO

Assim é o rosto dela, o mapa dos dias que se foram.
— WILLIAM SHAKESPEARE

Na China, maçãs do rosto cheias e arredondadas eram consideradas as mais favoráveis. Eram equiparadas a pêssegos. No Ocidente, malares altos (os ossos da bochecha) sempre foram valorizados e admirados, especialmente pelas mulheres.

A maçã do rosto pode ser dividida em três partes: parte superior, parte média e parte inferior. A parte superior vai da base do nariz para cima; a parte inferior vai dos cantos da boca para baixo e a parte média situa-se entre elas.

As maçãs do rosto

Malares altos e proeminentes

Pessoas com malares altos e bem desenvolvidos são inteligentes, ambiciosas, independentes e determinadas. Elas estabelecem altos padrões e fazem questão do que há de melhor. Abraham Lincoln (1809-1865), ex-presidente dos Estados

Unidos, é um excelente exemplo de alguém com malares altos e proeminentes. Para obter sucesso, é importante que tanto o nariz como os malares sejam proeminentes, pois ambos estão relacionados com poder e influência.

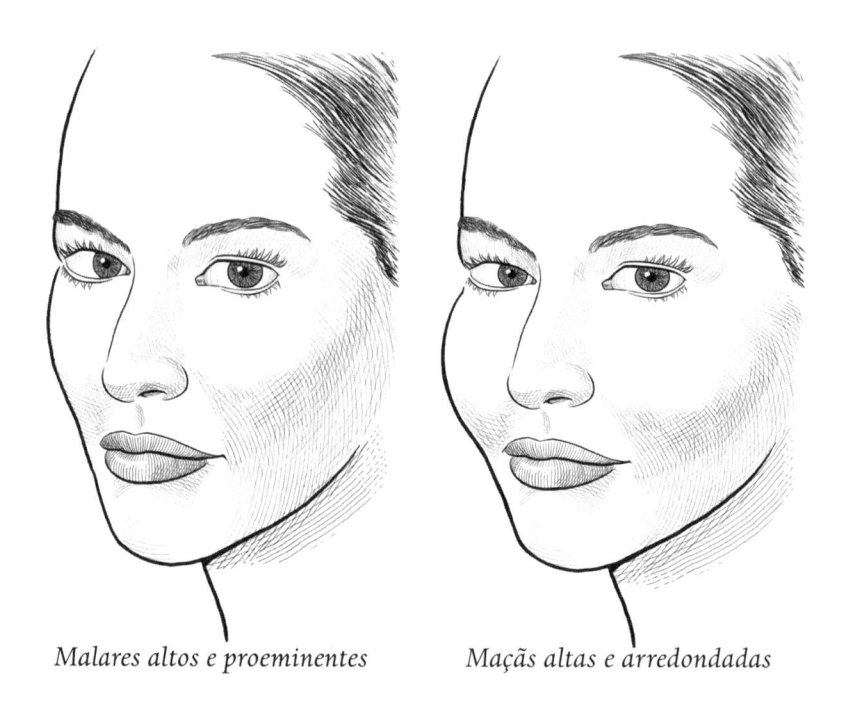

Malares altos e proeminentes *Maçãs altas e arredondadas*

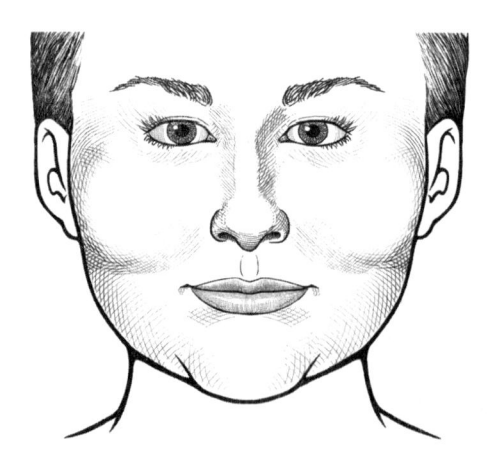

Maçãs cheias e arredondadas

Maçãs altas e arredondadas

Pessoas com a parte superior da maçã do rosto arredondada são positivas, confiantes, sociáveis, generosas e amantes da diversão. Além disso, elas querem ser bem-sucedidas e estão preparadas para trabalhar com afinco por quanto tempo for preciso para atingir seus objetivos.

Maçãs cheias e arredondadas

Essas são as maçãs do rosto que os antigos fisiognomonistas chineses consideravam mais propícias. Pessoas com maçãs cheias e arredondadas são poderosas, corajosas e fortes. O presidente Mao Tsé-Tung (1893-1976) tinha maçãs assim. Outros bons exemplos são a rainha Vitória (1819-1901) e o pugilista Muhammad Ali, ex-campeão mundial de pesos-pesados.

Parte superior das maçãs proeminente

Pessoas com a parte superior das maçãs do rosto proeminente querem ter poder e autoridade. Elas estão preparadas para trabalhar com afinco para alcançar o *status* e o poder que desejam. Muitas optam por ser profissionais autônomas, pois assim ficam no controle. Algumas precisam aprender a exercitar a autoridade e tendem a ser mandonas e a dar ordens a todos os que as cercam.

Maçãs curvas

Pessoas com maçãs curvas se dão bem com os outros, mas também gostam de ficar sozinhas de vez em quando. Elas adoram ter pensamentos profundos e só decidem alguma coisa depois de analisar seriamente o assunto.

Maçãs carnudas

Pessoas com maçãs carnudas são autoconfiantes, práticas, espontâneas e felizes. Elas conseguem tirar o máximo proveito de cada situação. São também sensuais e gostam de experimentar todas as coisas boas que a vida tem a oferecer.

Parte superior das maçãs proeminente

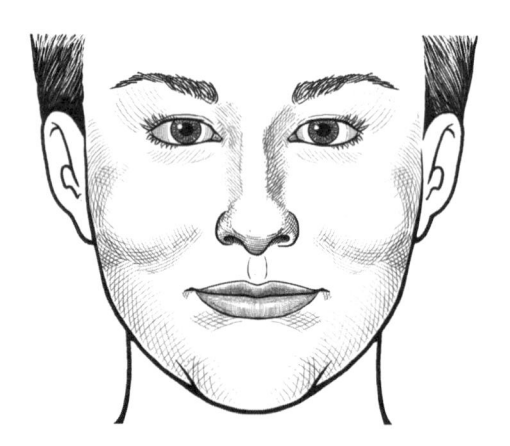

Maçãs curvas

Maçãs carnudas

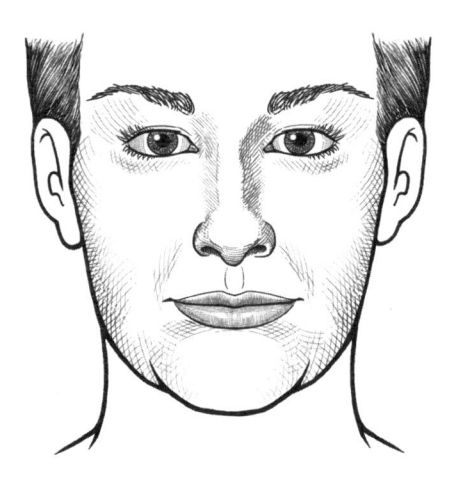

Maçãs chatas

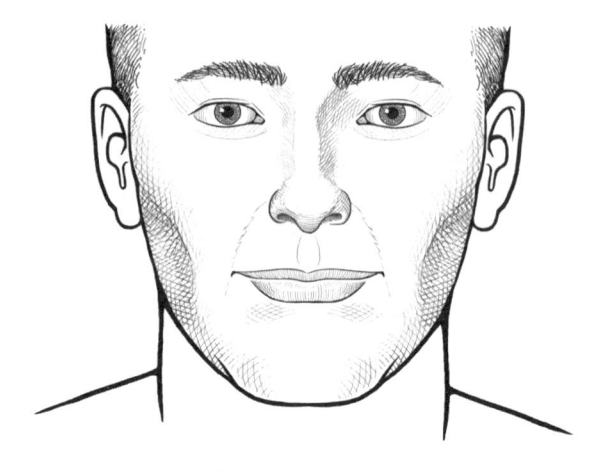

Maçãs encovadas

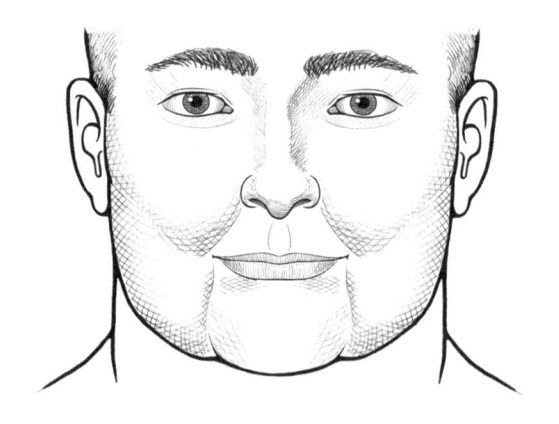

Maçãs tipo "bolsas de dinheiro"

Maçãs chatas

Pessoas com maçãs chatas curtem a própria companhia e não gostam que lhes digam o que fazer. Elas trabalham melhor quando sabem o que tem de ser feito e têm liberdade para agir.

Maçãs encovadas

Maçãs encovadas parecem afundadas ou indentadas e estão associadas com estresse emocional ou excesso de trabalho. Quem tem maçãs assim precisa ser constantemente lembrado de que tem valor, merece ser amado e tem tanto direito de estar neste mundo como qualquer outra pessoa.

O sofrimento também pode fazer com que as maçãs do rosto fiquem encovadas, mas elas voltam ao normal quando a tristeza passa.

"Bolsas de dinheiro"

Quando alguém tem a parte inferior das maçãs do rosto grande e cheia, dizem que ela tem "bolsas de dinheiro". Lembro-me de que, quando era pequeno, ouvi minha mãe dizer que uma parente distante tinha "enormes bolsas de dinheiro". Eu queria conhecê-la, pois esperava que ela trouxesse as bolsas junto com ela quando viesse nos visitar. Infelizmente, ela morreu antes que eu tivesse oportunidade de conhecê-la, e descobrimos que ela tinha ganhado muito dinheiro no mercado de ações.

Pessoas com maçãs assim podem ser bem-sucedidas financeiramente, pois o aspecto rechonchudo lhes dá a energia necessária para correr atrás de seus objetivos, mesmo em épocas difíceis. Quando elas não estão bem, estão estressadas ou assoberbadas de trabalho, as bolsas se retraem – fazendo com que a linha do maxilar pareça uma bolsa vazia. Porém, depois que recuperam a energia, o aspecto rechonchudo retorna e elas voltam a ter capacidade de ganhar e guardar dinheiro.

Parte média das maçãs

As pessoas que têm a parte média das maçãs cheia gostam de viver e querem experimentar de tudo nessa vida.

Na medicina chinesa, essa parte das maçãs do rosto está relacionada com os pulmões. Em muitos fumantes, ela é afundada, o que revela que os pulmões foram afetados pelos anos de tabagismo.

Covinhas

As covinhas geralmente se formam na parte média da maçã do rosto. Pessoas que têm covinhas são charmosas, namoradoras e despreocupadas. Em geral, são populares, mas uma vez que tenham "assentado", assumem um compromisso de longo prazo com seus companheiros.

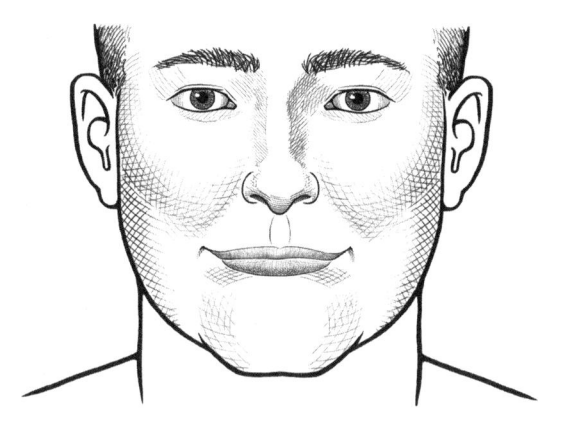

Parte média das maçãs cheia

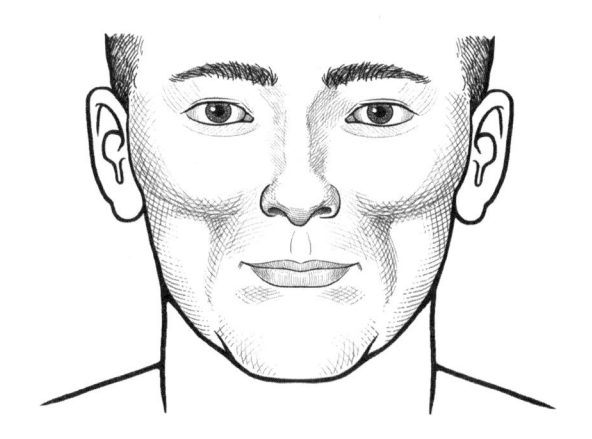

Parte média das maçãs afundada

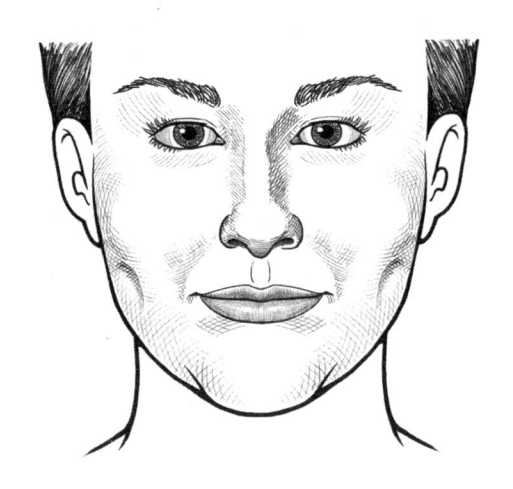

Covinhas

Linhas nas maçãs do rosto

Linhas ou rugas de expressão nas maçãs do rosto

As principais linhas das maçãs do rosto nascem ao lado do nariz e descem em curva, ultrapassando os dois lados da boca. É importante ter essas linhas, pois as pessoas que não as têm são consideradas incompetentes, preguiçosas e inúteis. Felizmente, essas linhas surgem com a idade, à medida que se adquire experiência. Dizem que trabalho árduo, estudo e responsabilidades aprofundam e estendem essas linhas.

Linhas que se dirigem para a boca são consideradas um sinal negativo. As pessoas com essas linhas têm dificuldade de gerir suas finanças e também problemas com relacionamentos íntimos.

Existem também as linhas sob os olhos. Elas nascem no canto interno dos olhos e morrem nas maçãs do rosto, além da borda externa dos olhos. Em geral elas são curvas, mas às vezes podem formar uma linha reta ou um semicírculo.

Quando essas duas linhas são próximas uma da outra no seu ponto de origem, ao lado do nariz, a pessoa costuma estabelecer metas e tentar atingi-las. Essas metas podem ser pessoais, mas também podem ser metas capazes de beneficiar toda a humanidade.

Quando essas linhas são bem afastadas uma da outra, a pessoa não é particularmente focada em metas. Ela pode até estabelecer metas de vez em quando, mas em geral prefere viver um dia de cada vez.

Linhas que se dirigem para a boca

Linhas curvas sob os olhos

Linhas retas sob os olhos

Linhas em semicírculo sob os olhos

Linhas mais próximas sob os olhos

Linhas mais afastadas sob os olhos

Rubor

O rubor é uma causa frequente de constrangimento para muita gente. Em geral, há uma razão para o rubor. Sentimentos de humilhação, culpa e vergonha podem fazer as maçãs do rosto ficarem vermelhas. Pessoas que não sabem mentir sempre se denunciam ao enrubescer.

O rubor é um problema sério para algumas pessoas, pois elas perdem a autoconfiança e ficam hesitantes e nervosas. No entanto, essa também pode ser uma qualidade encantadora, que faz a pessoa parecer aberta, honesta e atraente.

No próximo capítulo, analisaremos a parte mais baixa do rosto: o queixo.

Capítulo 8

O MAXILAR E O QUEIXO

Chegou-se-me um senhor mui bem-vestido,
tão guapo quanto um noivo, a barba
feita como campo de sega após a festa.
— WILLIAM SHAKESPERARE

O maxilar

Pessoas com maxilar forte inspiram confiança, e os outros inconscientemente se sentem seguros e protegidos na sua companhia. Não admira, portanto, que muitos políticos tenham maxilar forte. Pessoas com maxilar assim são dogmáticas e críticas, o que pode lhes causar problemas com os amigos e familiares.

Pessoas com maxilar excessivamente proeminente estão preparadas para defender e lutar por aquilo em que acreditam, mas têm dificuldade de aceitar o ponto de vista dos outros. Entretanto, depois que aprendem isso elas vão longe, graças ao seu senso de responsabilidade, lisura e justiça.

Pessoas com maxilar estreito são emotivas, adaptáveis e de temperamento fácil. Elas precisam ter certeza de que suas necessidades estão sendo atendidas, pois podem se deixar influenciar facilmente pelas opiniões e sugestões dos outros.

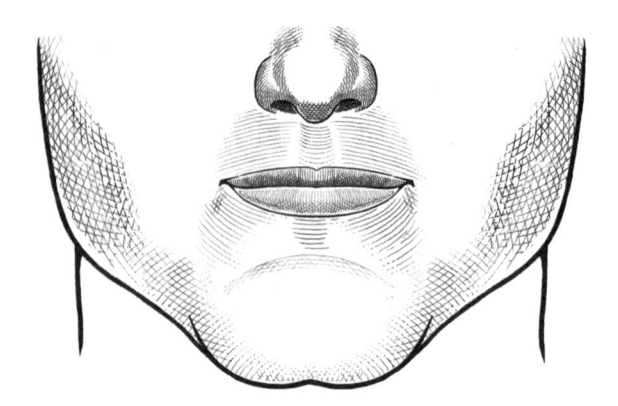

Maxilar proeminente

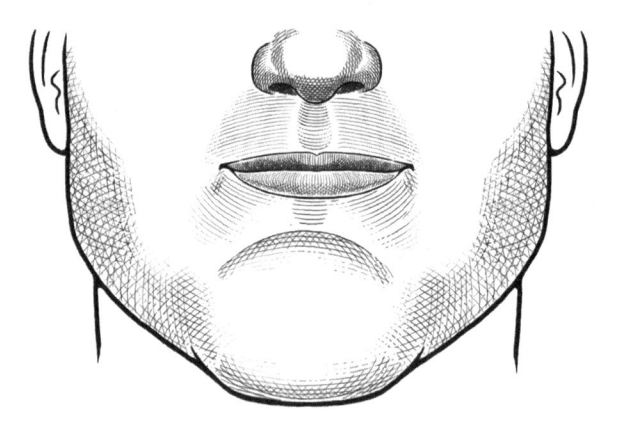

Maxilar forte

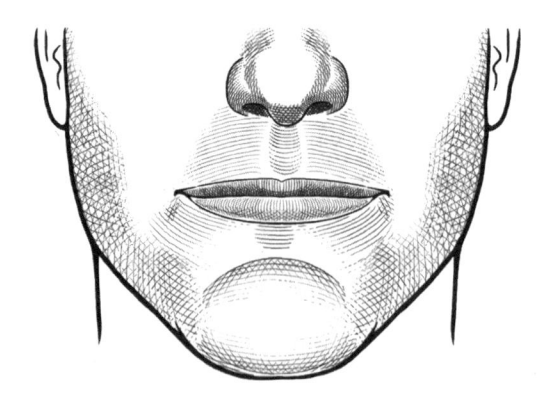

Maxilar estreito

O queixo

O queixo sempre desempenhou um papel importante na fisiognomonia chinesa, pois representa a vida da pessoa após os sessenta anos. Um bom queixo mostra que a pessoa terá uma boa qualidade de vida na velhice.

Os artistas gregos adoravam queixos salientes, e todas as esculturas de seus deuses tinham queixos fortes e exuberantes. Os chineses antigos também gostavam de queixos salientes, principalmente quando eram quadrados. Para eles, esse era o queixo perfeito para um homem.

Quando alguém coloca a mão no queixo, está decidindo fazer alguma coisa. Esse é um sinal de determinação, não importa o tamanho do queixo.

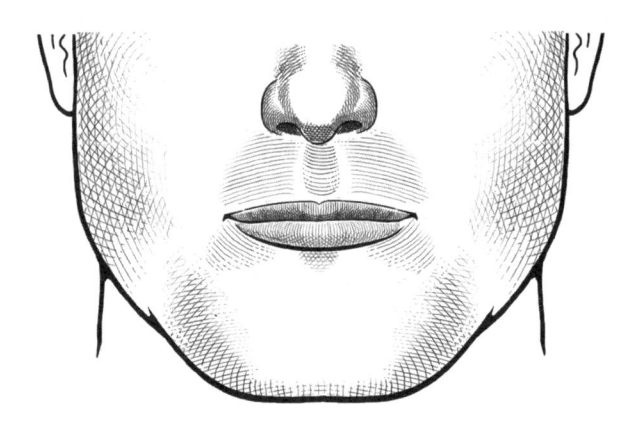

Queixo largo

Queixo largo

Pessoas com o queixo largo são ambiciosas, autoconfiantes e determinadas. Elas têm elevados princípios morais, e tudo o que fazem tem um propósito. No entanto, elas têm dificuldade em expressar seus sentimentos mais íntimos, o que pode lhes causar problemas em seus relacionamentos mais importantes.

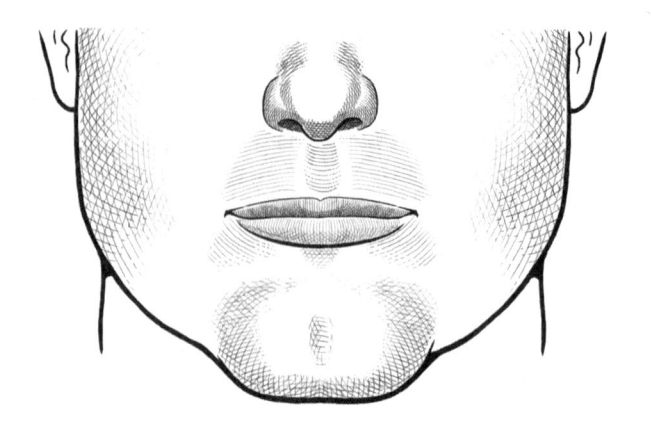

Queixo quadrado

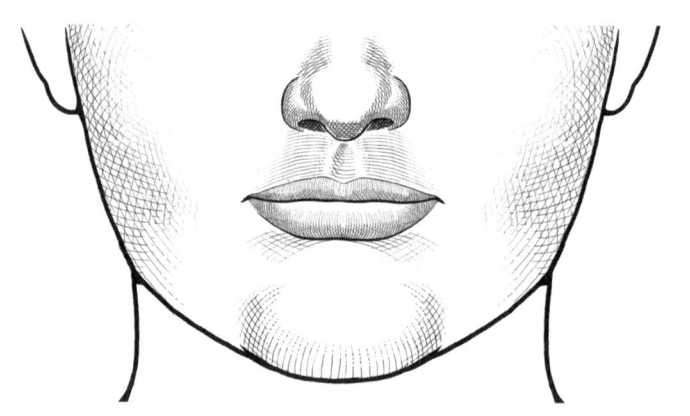

Queixo redondo

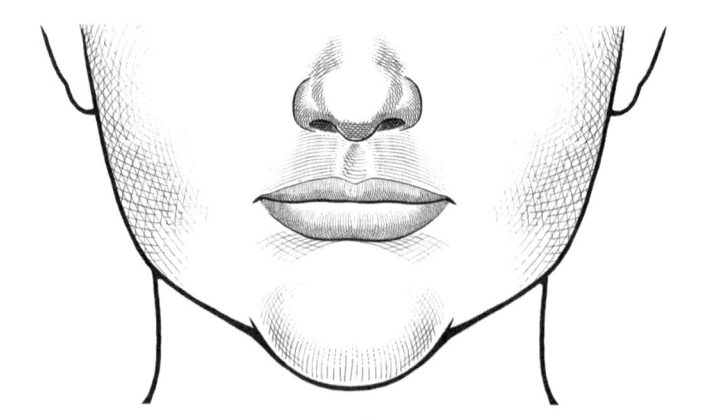

Queixo pontudo

Queixo quadrado

Pessoas com queixo quadrado são ativas, práticas, diretas, abertas e sensíveis. Elas são capazes de analisar com imparcialidade os dois lados de uma situação, e tomam decisões baseadas na lógica e na reflexão. Quando o queixo é excessivamente saliente, a pessoa é exigente, inflexível, obstinada e implacável. Robert Redford é um bom exemplo de pessoa com queixo quadrado.

Queixo redondo

Pessoas com queixo redondo são solidárias, prestativas, afáveis, generosas e apegadas à família. Estão sempre dispostas a ajudar os outros. Em geral, elas têm uma atitude conservadora e não gostam de assumir papéis de liderança.

Queixo pontudo

Pessoas com queixo pontudo são sensíveis, simpáticas e sociáveis e adoram se divertir. Elas precisam estar rodeadas de gente, gostam de fofocar e de saber o que as outras pessoas estão tramando. Às vezes são indecisas. Teimosas, costumam resistir quando sentem que alguém está tentando forçá-las a fazer algo, mesmo que seja uma coisa que normalmente gostem de fazer.

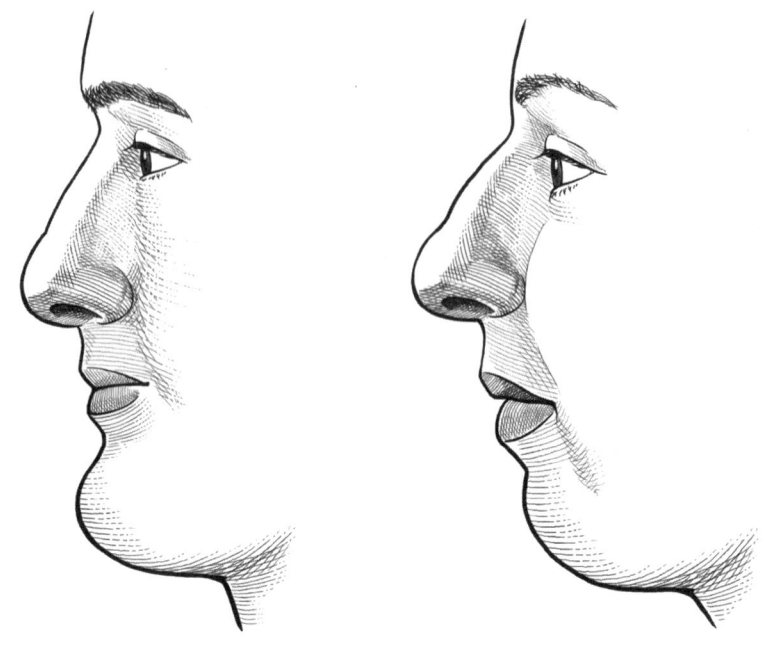

Queixo saliente

Queixo recuado

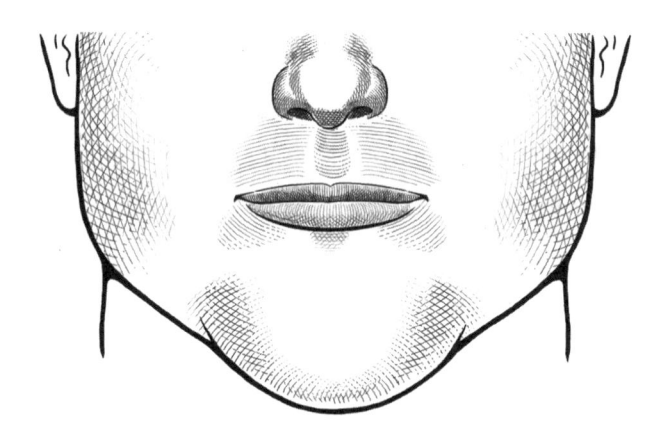

Queixo comprido

Queixo saliente

Pessoas com queixo saliente são impetuosas, animadas, autoconfiantes e seguras de si. Graças à sua extraordinária determinação e energia, elas não desistem enquanto não alcançam seus objetivos. Jay Leno, comediante e entrevistador americano, tem queixo saliente. (Seu queixo também pode ser classificado como comprido.)

Queixo recuado

O queixo recuado já foi considerado sinal de fraqueza. Mas certamente isso não é verdade, pois as pessoas que têm queixo recuado são tão capazes de defender seus pontos de vista quanto as que têm queixo saliente. No entanto, elas fazem isso de maneira menos agressiva. Pessoas com queixo assim gostam de participar de debates e discussões saudáveis sobre assuntos que julgam importantes. Elas gostam de resultados rápidos e costumam ficar impacientes quando os projetos se arrastam por mais tempo que o previsto.

Queixo comprido

Afetuosas e leais, as pessoas com queixo comprido preocupam-se verdadeiramente com o próximo. Não admira, portanto, que façam amigos com facilidade. Elas são cooperativas e trabalham bem em grupo. Além disso, elas não têm nenhuma dificuldade em expressar suas emoções.

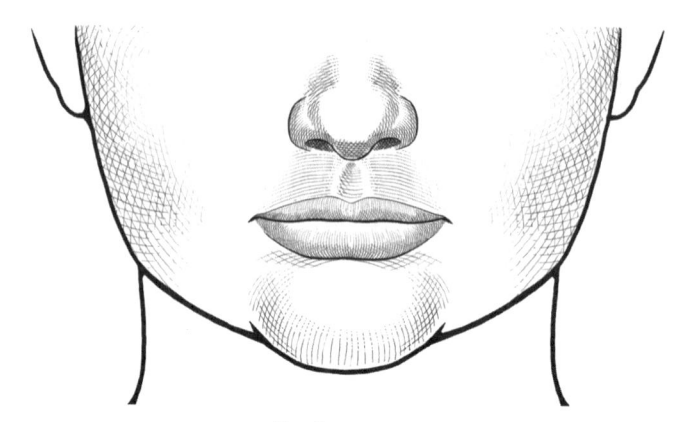

Queixo pequeno

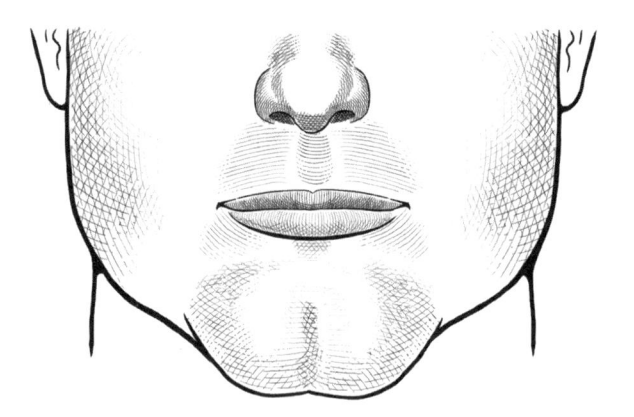

Queixo partido

Queixo duplo

Queixo pequeno

As pessoas com queixo pequeno precisam batalhar mais do que as outras para alcançar seus objetivos, mas felizmente são persistentes, focadas e determinadas. Elas se ofendem à toa com os comentários alheios e, sobretudo quando jovens, têm dificuldade de lutar por suas convicções. Na maturidade, são calmas, cordiais e pacatas e estão preparadas para defender seus pontos de vista.

Queixo partido

As pessoas com queixo partido gostam de receber atenção, reconhecimento, elogios e crédito por suas contribuições. Essa necessidade constante de afirmação pode ser desgastante para seus companheiros e colegas de trabalho. Sisudas, elas preferem conversar sobre assuntos sérios do que sobre assuntos banais. Pessoas com queixo assim também têm um forte apetite sexual. Humphrey Bogart tinha queixo partido.

Queixo duplo

Muitas pessoas detestam o fato de ter queixo duplo. No entanto, na leitura do rosto esse é um sinal de velhice muito feliz. Segundo Aristóteles, queixo duplo revela um temperamento tranquilo.[1] Johann Kasper Lavater dizia que queixo duplo indicava um apreciador da boa mesa.[2]

No próximo capítulo, falaremos sobre o cabelo e a linha do cabelo.

Capítulo 9

O CABELO E A LINHA DO CABELO

Belas tranças enleiam a raça orgulhosa dos homens,
e a beleza nos ata com um único fio de cabelo.
— ALEXANDER POPE

O cabelo desempenha um papel secundário na fisiognomonia, uma vez que modifica aquilo que foi interpretado no rosto. Existem cabelos de vários tipos e cores. Como é muito fácil mudar a cor do cabelo, esse aspecto geralmente não faz parte da leitura do rosto, mas outros aspectos relacionados ao cabelo fazem. A exceção são os cabelos brancos. Esse é um sinal de maturidade mental, mesmo em alguém que ficou grisalho prematuramente. Desde que outras características do rosto denotem um bom caráter, uma pessoa grisalha será capaz de dar bons conselhos.

Tipos de cabelo

Cabelo comprido

As pessoas que usam cabelo comprido são práticas, capazes, equilibradas e pragmáticas. Elas adoram discutir e refletir sobre novas ideias.

Cabelo curto

As pessoas que usam cabelo curto são decididas, impetuosas, vibrantes e cheias de vida. Elas se concentram em seus objetivos e se dispõem a trabalhar com afinco para alcançá-los. Muitas gostam de atividades físicas.

Cabeça raspada

Hoje em dia, muitos homens raspam a cabeça quando estão ficando calvos. Às vezes isso lhes dá um ar agressivo. No entanto, o fato de expor o topo da cabeça dessa maneira faz com que eles tenham ideias originais e uma abordagem mais intelectual da vida, além de aumentar o seu interesse pela espiritualidade. Monges cristãos, budistas e hindus costumam ser tonsurados, ou seja, têm o alto da cabeça raspado em forma de coroa. A tonsura os ajuda a se conectar com o Todo-poderoso.

Na China, a calvície depois dos 50 anos de idade era considerada sinal de inteligência excepcional, sobretudo quando começava a partir da testa.

Liso ou cacheado

Antes de interpretar essa qualidade, é preciso verificar se o cabelo é naturalmente liso ou cacheado. Pessoas com cabelo liso são compreensivas, amorosas, imaginativas e muitas vezes introvertidas. Pessoas com cabelo cacheado são expansivas, sociáveis, dinâmicas e ambiciosas. Na tradicional fisiognomonia chinesa, as pessoas com cabelo cacheado eram consideradas astutas e dotadas de uma energia sexual excepcionalmente forte. Na China, quase todo mundo tem cabelo liso.

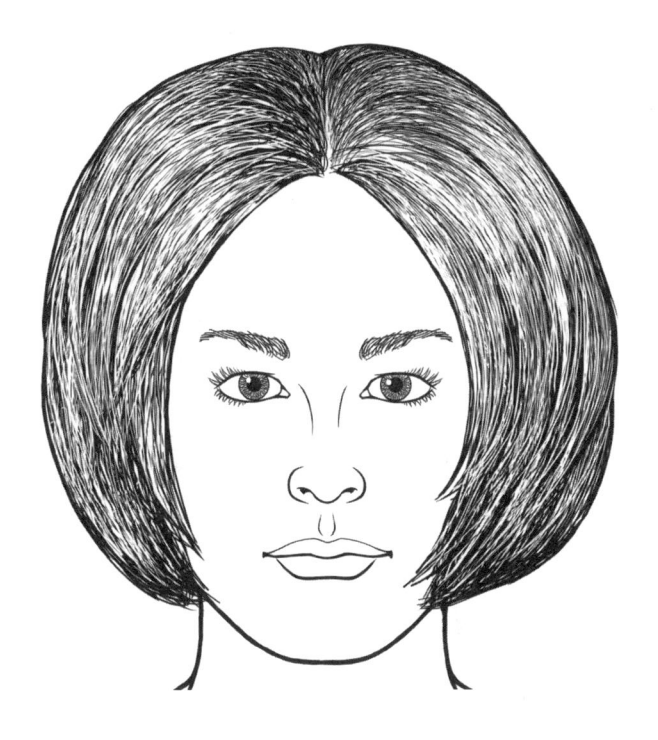

Cabelo grosso

Pessoas com cabelo grosso são ativas, determinadas, entusiasmadas e dinâmicas. Elas gostam de atividades ao ar livre e precisam ter sempre um objetivo em mente que lhes sirva de motivação.

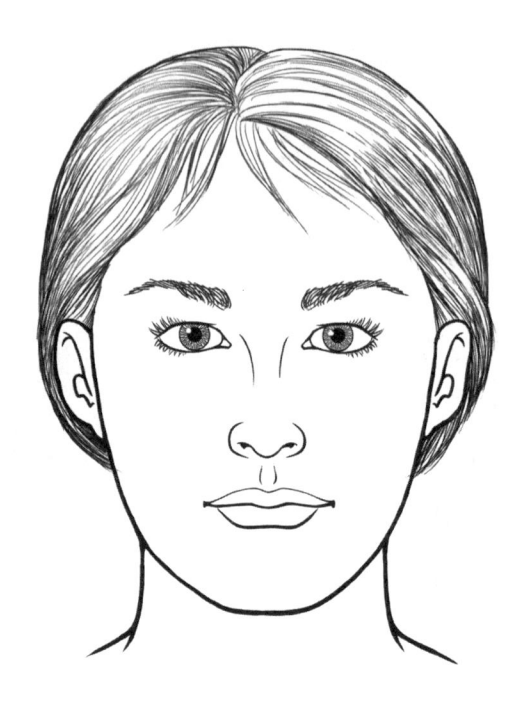

Cabelo fino

Pessoas com cabelo fino são sensíveis e emotivas e magoam-se com facilidade. Elas parecem meigas e podem causar surpresa ao demonstrar sua força e determinação.

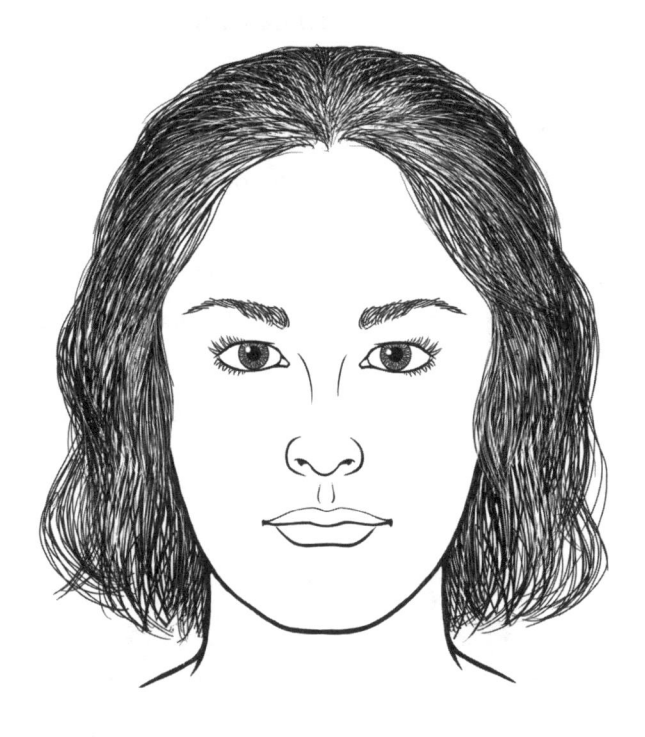

Cabelo seco

Na tradicional fisiognomonia chinesa, cabelo ressecado é sinal de dificuldades financeiras num futuro próximo. Por sorte, isso pode ser evitado com o uso de um bom condicionador. Devemos manter nossos cabelos o mais sadios possível, pois isso atrai sorte e prosperidade.

A linha do cabelo

Pode ser difícil interpretar a linha frontal do cabelo – a menos que ela seja muito bem definida, o corte de cabelo dificulta a sua visualização.

A interpretação da linha do cabelo varia de acordo com o sexo da pessoa. Uma linha ligeiramente recuada é considerada favorável num homem, pois revela uma parte maior da testa. Numa mulher, é considerada desfavorável, pois indica problemas nos relacionamentos íntimos. O cabelo da mulher deve ir até a altura das sobrancelhas, mas sem cobri-las.

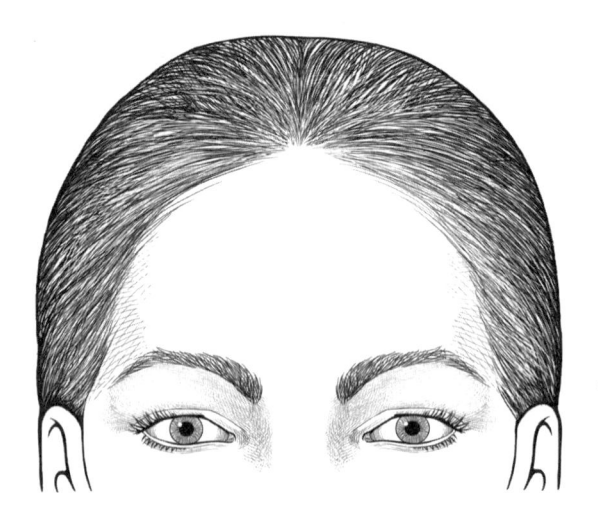

Linha frontal estreita

A linha é estreita quando o cabelo cobre as têmporas, deixando-a menor do que o normal. Pessoas com linha do cabelo assim têm dificuldade de discordar dos outros ou de apresentar o seu ponto de vista.

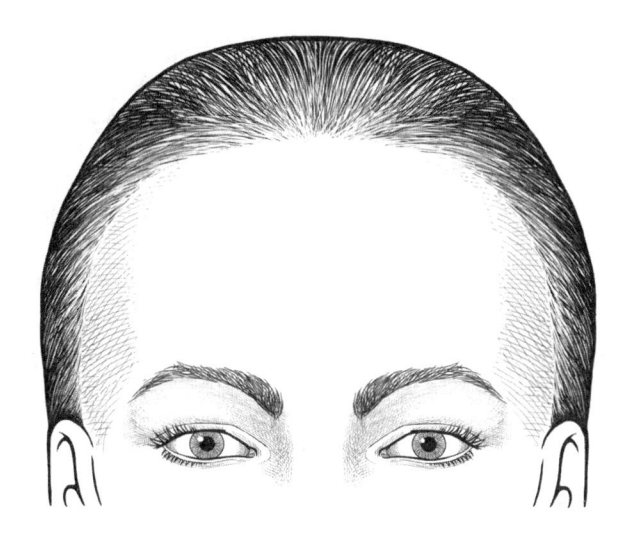

Linha frontal ampla

Pessoas com linha ampla não se incomodam em defender os próprios direitos. Elas fazem perguntas e, depois, decidem sozinhas o que fazer. Em geral, foram rebeldes na adolescência.

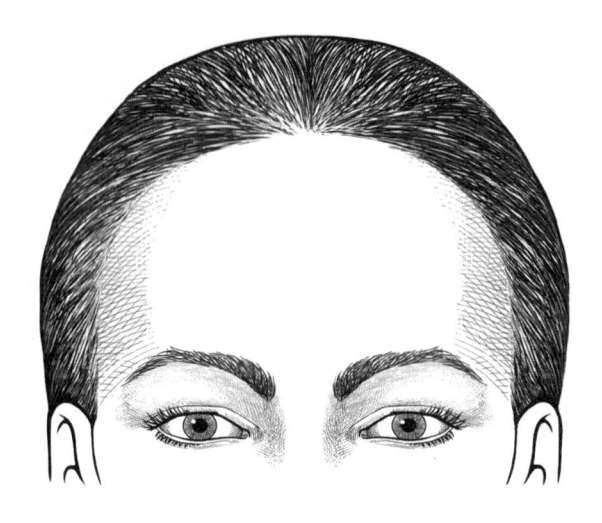

Linha frontal harmoniosa

Uma linha harmoniosa pode ser reta ou curva. Ela parece ter sido feita à mão, pois não tem nenhuma irregularidade. Pessoas com linha do cabelo assim são graciosas, sociáveis e de temperamento fácil.

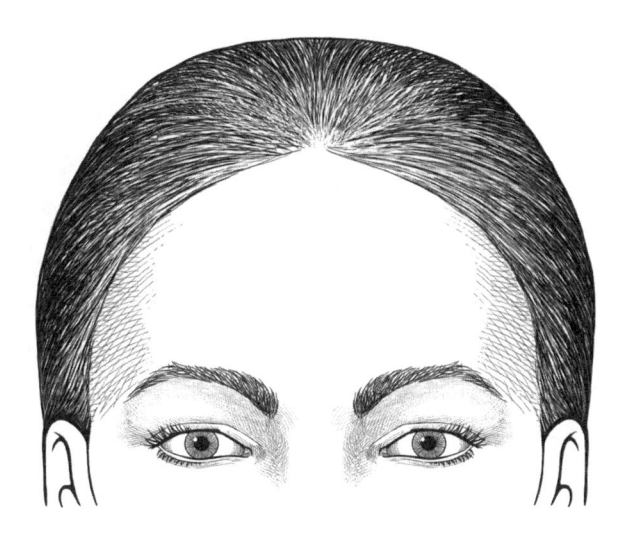

Linha frontal arqueada

Pessoas com linha arqueada são confiáveis, sensatas, charmosas e conscienciosas. Elas desejam ardentemente ter êxito financeiro.

Linha frontal reta

É raro encontrar uma mulher com a linha do cabelo reta, mas no homem é comum. Essas pessoas são leais, trabalhadoras, parcimoniosas, cautelosas e apegadas à família. Elas precisam de estímulo frequente e ficam desanimadas quando seus esforços no trabalho não são devidamente reconhecidos.

Linha frontal em forma de "M"

Esse tipo de linha também é encontrado principalmente em homens. Os homens com linha do cabelo em forma de "M" são fortes, dedicados, criativos, atenciosos e carinhosos. Dizem que são excelentes amantes. John Wayne e Marlon Brando tinham esse tipo de linha do cabelo.

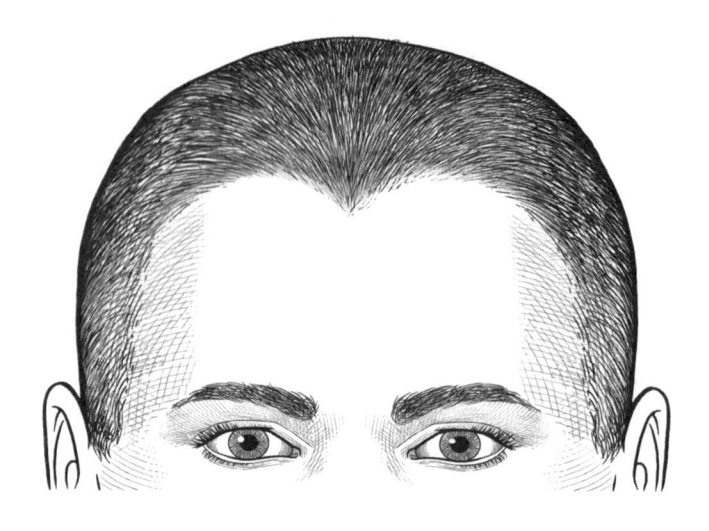

Bico de viúva

A maioria das pessoas conhece o bico de viúva, uma forma extrema da linha do cabelo em formato de "M". Nesse caso, a linha desce em ponta no meio da testa. A forma em "V" que ela cria recebeu o nome de bico de viúva, porque lembra o bico de uma touca de viúva e fazia as pessoas pensarem em morte prematura.

As pessoas com bico de viúva são bastante criativas e conseguem arrumar excelentes soluções para os problemas. Em geral, também são carismáticas. Os atores Andy Garcia, Keanu Reeves, John Travolta e Steven Seagal são bons exemplo de pessoas que têm bico de viúva. Marilyn Monroe também tinha. Eddie Munster, personagem da famosa série de TV americana *The Monsters* [Os Monstros], tinha um bico de viúva extremamente pronunciado.

Linha frontal recuada

Embora muitos homens tenham medo de ficar calvos, na leitura chinesa do rosto uma linha recuada, ou entrada, é altamente positiva. A calvície depois dos 50 anos de idade é considerada um sinal de inteligência extraordinária.

Uma cabeça calva é considerada afortunada na China, e pode ser sinal de sucesso financeiro. Os três sábios chineses – Confúcio, Lao-Tsé e Mencius – eram calvos. Buda era praticamente calvo. Shou Xing, Deus da Longevidade, tem a cabeça calva e carrega um pêssego, símbolo chinês da longevidade. Shou Xing, popularmente chamado de Shou-Lao, decide a hora da morte de todas as pessoas.

A calvície que começa na testa com recuo gradual da linha do cabelo é considerada extremamente auspiciosa. A calvície que começa no meio ou na parte de trás da cabeça não é considerada um sinal positivo.

A calvície que começa dos dois lados da testa, deixando uma boa quantidade de cabelo no centro, é considerada sinal de mentalidade aberta e agilidade de pensamento.

Pelo nas orelhas

Curiosamente, na China era considerado um bom sinal ter pelos na orelha, pois mostra que a pessoa tem um bom cérebro e que deve ter vida longa. Entretanto, essas pessoas muitas vezes não conseguem aproveitar ao máximo suas oportunidades, pois gastam tempo demais em atividades banais, sem importância.

A barba

A barba sempre foi considerada um sinal de paixão e virilidade, sobretudo quando era longa e lustrosa. Se a barba era cerrada, o homem era dinâmico, capaz, eficiente e carinhoso. Se era dura, ele tinha dificuldade de ganhar e guardar dinheiro. Dizia-se que uma grande barba branca tornava a velhice mais agradável e ajudava o homem a manter a mente jovem.

Na China, acreditava-se que, se o homem deixasse crescer o bigode e uma barba comprida, ele poderia transformar o azar em sorte. No entanto, se ele deixasse a barba crescer, mas não o bigode, teria ainda mais azar.

Os homens usam barba por várias razões. Para parecer mais másculos ou simplesmente porque gostam; para esconder um queixo fraco, queixo duplo ou outra imperfeição qualquer. Alguns querem mudar sua aparência ou ganhar um ar intelectual ou artístico. Pode ser que esteja na moda. Pode ser que queiram parecer mais velhos ou se destacar. Muitos jovens deixam a barba crescer por diversão; alguns acabam gostando e decidem mantê-la. Outros deixam a barba crescer porque não gostam de se barbear. Em algumas partes do mundo, os homens deixam a barba crescer para ajudá-los a se aquecer no inverno. Outros, por razões religiosas.

Hoje em dia, a barba não é considerada um símbolo tão importante de masculinidade, força e sabedoria, e a maioria dos homens nunca deixa a barba crescer. Isso pode ser bom, pois muitos homens que usam barba querem controlar e organizar os outros.

No próximo capítulo, vamos analisar o significado das pintas na arte da leitura do rosto.

Capítulo 10

PINTAS

Sempre odiei minha pinta. Cheguei a pensar em removê-la, mas não fiz isso porque achava que ia doer. Hoje, fico feliz por não tê-lo feito.
— NIKI TAYLOR

A adivinhação com base no tamanho, formato e localização das pintas ou manchas no corpo, nasceu na China como parte da fisiognomonia. Hipócrates (c. 460-c. 377 a.C.), considerado o pai da medicina ocidental, tinha um interesse especial pelo assunto.[1]

Na leitura chinesa do rosto, as pintas são consideradas extremamente auspiciosas, pois em geral trazem sorte e aumentam o potencial da parte do rosto onde são encontradas. Para serem interpretadas, elas precisam ser salientes.

As pintas mais auspiciosas são redondas, pois indicam mais sorte. Pintas compridas indicam mais riqueza. Quanto à coloração, pintas escuras são mais favoráveis que pintas mais claras.

Uma pinta no queixo revela determinação, tenacidade e teimosia. Essas pessoas obtêm sucesso graças unicamente à sua força de vontade e perseverança. Quando ficam ricas, o que acontece com frequência, são generosas com seu dinheiro. São pessoas também extremamente intuitivas. Mao Tsé-tung (1893-1976), ex-presidente da República Popular da China, tinha uma grande pinta no lado esquerdo do queixo.

Uma pinta perto da boca fornece energia extra usada para fazer com que a pessoa consiga desfrutar melhor os prazeres da vida e também com que seja mais solidária com os menos afortunados da sua comunidade. A supermodelo Cindy Crawford tem uma pinta do lado esquerdo do rosto, logo acima da boca.

Uma pinta na maçã do rosto, do lado direito ou esquerdo, denota pessoas generosas, solidárias, bondosas e afáveis. Paqueradoras, elas permanecem com o coração jovem a vida toda.

Uma pinta no nariz, ou perto do nariz, mostra que a pessoa terá dificuldade em alcançar seus objetivos, sobretudo no campo profissional.

Uma pinta perto do olho revela autoconfiança e postura séria em relação à vida, bem como capacidade de deixar de lado as coisas fúteis e se concentrar naquilo que realmente é importante. O ator Ben Affleck tem uma pinta perto do olho esquerdo.

Uma pinta na pálpebra é considerada desfavorável, pois indica muitos altos e baixos ao longo da vida.

Uma pinta na sobrancelha, ou ao lado da sobrancelha, dá à pessoa coragem e capacidade de defender suas convicções. Tiger Woods, golfista norte-americano, tem uma pinta nesse local.

Uma pinta na metade superior da orelha é sinal de sorte e segurança financeira. Se a pinta for na metade inferior da orelha, a pessoa viverá muito e usará todas as suas faculdades mentais ao longo da vida.

Uma pinta na testa está relacionada com ascensão profissional, pois fornece objetividade, determinação e energia. Entretanto, não é considerada nada favorável no amor, pois revela que a pessoa provavelmente negligenciará esse aspecto da vida ao se concentrar no sucesso profissional.

Pintas ocultas – escondidas na sobrancelha, na barba ou no couro cabeludo, por exemplo – são consideradas extremamente auspiciosas.

Na verdade, elas são muito mais auspiciosas que as visíveis, pois mostram que a pessoa tem todas as qualidades necessárias para obter sucesso. Pintas ocultas significam literalmente uma vida feliz.

A adivinhação com pintas desempenha um papel importante na astrologia védica.[2] Na Índia, pintas do lado direito do corpo são consideradas auspiciosas nos homens, enquanto pintas do lado esquerdo são consideras auspiciosas nas mulheres.

Uma pinta no meio da testa indica que a pessoa ganhará dinheiro, mas também que tem gênio ruim.

Uma pinta no lado direito da testa indica riqueza depois dos 30 anos.

Uma pinta no lado esquerdo da testa é sinal de preocupação com as questões financeiras.

Uma pinta na sobrancelha direita indica viagens, riqueza e sucesso nos negócios.

Uma pinta na sobrancelha esquerda indica decisões tolas e má sorte nos negócios.

Uma pinta numa orelha é sinal de sorte. Se a pessoa tiver uma pinta em cada orelha, ela será influente e terá uma vida confortável e bem-sucedida.

Uma pinta na ponta do nariz é sinal de sorte e rápido progresso.

Uma pinta no lado direito do nariz mostra que a pessoa vai viajar muito.

Uma pinta no lado esquerdo do nariz indica sucesso considerável com o sexo oposto. Entretanto, essa pessoa precisa ter cuidado, pois tem propensão a sofrer acidentes.

Uma pinta no lábio superior indica que a pessoa é carismática, charmosa e persuasiva, principalmente em relação ao sexo oposto.

Uma pinta no lábio inferior mostra que a pessoa é estudiosa e conscienciosa.

Pintas nas maçãs do rosto são sempre favoráveis e denotam sucesso, contanto que a pessoa estabeleça metas e esteja preparada para trabalhar com afinco para alcançá-las.

Uma pinta no meio do queixo indica alguém justo, bom e generoso que acabará ficando rico.

Uma pinta no lado esquerdo do queixo indica alguém estudioso e interessado no crescimento espiritual.

Uma pinta no lado direito do queixo indica progresso lento, porém sistemático. As pessoas que têm uma pinta nesse local terão *status* elevado e boa reputação.

Se você tem pintas em algum lugar do corpo, deve verificar periodicamente se elas apresentam alguma alteração de cor, tamanho e formato. Mesmo que estejam num local extremamente auspicioso, não hesite em removê-las se o médico achar necessário.

Muita gente quer saber se os fisiognomonistas interpretam as sardas. As sardas não têm um significado específico na fisiognomonia, mas são consideradas um sinal de espírito lúdico e afabilidade. De acordo com um velho ditado: "Quanto mais sardas alguém tiver, mais amigos terá". Segundo um irlandês amigo meu, que tem muitas sardas, há um provérbio irlandês que diz: "Um rosto sem sardas é como uma noite sem estrelas".

No próximo capítulo, faremos uma breve leitura do rosto de duas pessoas com base em tudo o que aprendemos até agora.

Capítulo 11

APANHADO GERAL

Um rosto bonito é um elogio silencioso.
— FRANCIS BACON

Na maior parte do tempo, as pessoas não sabem que estou lendo o rosto delas. Eu uso as informações que obtenho para me comunicar melhor com todos aqueles com os quais interajo em minha vida. É bom saber, só de olhar, se alguém é otimista ou pessimista, expansivo ou reservado, ou então se prefere ter uma visão geral da situação a conhecer todos os detalhes.

De vez em quando, alguém pede para eu ler seu rosto. Isso me dá uma excelente oportunidade para analisar detalhadamente o rosto de uma pessoa e ver os vários aspectos da sua personalidade claramente revelados para qualquer um que se interesse ou tenha tempo para olhar.

Faço também leitura de rosto profissionalmente em eventos empresariais. Essas leituras são bastante concorridas, e tem sempre uma fila enorme de gente esperando a sua vez. Como preciso ser rápido, não posso fazer uma análise detalhada; só tenho tempo para indicar as características mais evidentes.

Não importa o tipo de leitura de rosto que você faça, existe uma série de aspectos que você deve ter sempre em mente:

1. Nunca leia o rosto de uma pessoa sem a sua permissão.
2. Seja gentil e delicado. As pessoas são extremamente sensíveis e, como você está lidando com os sentimentos delas, deve ser cuidadoso e ter bastante tato.
3. Concentre-se nos atributos positivos, a menos que a pessoa pergunte sobre um problema em particular.
4. Não comente nada do que vir no rosto de alguém com outras pessoas. A leitura de rosto é confidencial.
5. Provavelmente você verá características das quais não gosta no rosto de algumas pessoas. Se falar sobre elas, seja imparcial, não faça nenhum julgamento.
6. Tenha a mente aberta.
7. Lembre-se de que você não é infalível e, portanto, vai errar de vez em quando.

Uma boa maneira de praticar a leitura do rosto é com o uso de fotografias, que você pode analisar nas horas de folga. Entretanto, esse método tem uma grande desvantagem: as fotografias não podem dar a você o mesmo *feedback* que as pessoas de carne e osso. É bom começar com fotografias e, depois que estiver familiarizado com o processo, passar para o rosto das pessoas. Elas ficarão lisonjeadas quando você disser que o rosto delas é interessante e perguntar se elas se importariam que você o interpretasse. Fale que é iniciante e quer ter a oportunidade de praticar. Depois que a notícia de que você está estudando o assunto se espalhar, a sua popularidade vai aumentar, e a maioria das pessoas ficará intrigada e vai querer que você leia o rosto delas.

Quando leio o rosto de alguém, começo procurando uma característica marcante, como nariz grande, lábios finos ou orelhas de abano. Em seguida, continuo estudando o rosto numa determinada ordem. Por exemplo:

1. Procure características que chamam a atenção, como nariz grande, orelhas altas ou baixas, pintas, uma boca enorme ou ausência quase total do filtro.
2. Identifique o formato do rosto.
3. Olhe a testa. Ela é larga ou estreita?
4. Olhe as orelhas, de frente e de perfil. Elas são grandes ou pequenas? Altas ou baixas?
5. Veja as sobrancelhas e os olhos. As sobrancelhas são altas ou baixas? Que formato elas têm? Elas são arqueadas, retas, ascendentes ou descendentes? Os olhos são grandes ou pequenos?
6. Veja o nariz. Ele é grande, pequeno ou médio? Que formato ele tem? As narinas são grandes ou pequenas. Qual é o formato da ponta?
7. Olhe a boca. Ela é curvada para cima ou para baixo? Os lábios são finos ou grossos? Um lábio é mais grosso que o outro?
8. Olhe o filtro. Ele é longo ou curto? É mais largo numa das extremidades?
9. Veja as maçãs do rosto. Os ossos malares são proeminentes? As maçãs são cheias e redondas? Chatas ou cheias? Tem alguma linha visível?
10. Veja o queixo. Ele é comprido ou curto? Largo ou estreito?
11. Agora está na hora de examinar o perfil da pessoa. Veja como a testa, o nariz e o queixo parecem de lado. Veja também os lábios, para verificar se um deles é saliente.
12. Verifique a parte de trás da cabeça. A cabeça é redonda, quadrada ou ovalada? É larga ou estreita?

13. Olhe o cabelo e veja se ele é grosso ou fino, liso ou cacheado. Veja a linha do cabelo.
14. Depois de verificar tudo isso mentalmente, você poderá começar a fazer a leitura do rosto.

Primeira amostra de leitura

Vamos supor que você está lendo o rosto de uma mulher bonita de trinta e poucos anos. Ela tem:

Rosto oval

Zona da ambição grande

Testa arredondada com três linhas horizontais

Orelhas pequenas, redondas e rentes à cabeça, hélice arredondada, lóbulos pequenos

Sobrancelhas finas, altas e longas

Olhos azuis grandes e brilhantes com cantos arredondados

Nariz grande e reto, com a ponta voltada para baixo; narinas pequenas

Boca grande, lábios cheios (lábio superior mais cheio que o inferior); cantos da boca virados para cima

Filtro reto, longo e profundo

Maças do rosto curvas

Queixo redondo

Cabeça redonda e estreita

Cabelos compridos; linha frontal arqueada

Munido dessas informações, você pode lhe dizer:

[Rosto oval] O seu rosto é fascinante do ponto de vista da fisiognomonia. Ele é oval, e isso mostra que você é uma pessoa amorosa e que se dá bem com os outros. Graças ao seu raciocínio lógico, você consegue analisar os problemas de vários ângulos. No entanto, muda de ideia com frequência, de modo que as pessoas nem sempre sabem o que você realmente pensa. Você usa bem a lógica, mas também é extremamente intuitiva, e descobriu que isso é utilíssimo no contato diário com as pessoas. Você tem muitos interesses, mas às vezes tem dificuldade de terminar o que começou. Acho que seu cérebro é tão rápido que muitas vezes você perde o interesse.

[Zona da ambição] Você mantém os pés firmes no chão e, como gosta das recompensas do sucesso, está preparada para trabalhar arduamente por muito tempo para alcançá-lo. Você é equilibrada e transmite um ar de refinamento. Você só se contenta com o melhor.

[Testa] Você tem a testa arredondada, o que lhe dá muita imaginação. Aliás, vários traços em seu rosto revelam a sua grande imaginação. Você sempre procura trabalhos mentalmente estimulantes e gratificantes. Você fica entediada facilmente e, a maior parte do tempo, tende a se deixar levar pela imaginação. [Três linhas horizontais] Você tem três linhas na testa. Isso mostra que tem boa memória e também que às vezes se preocupa demais.

[Orelhas arredondadas] Suas orelhas são arredondadas, o que significa que você é sociável e expansiva. Muita gente criativa tem orelhas arredondadas. [Orelhas pequenas] O tamanho da sua orelha me diz que você é ponderada, amorosa, cautelosa e ambiciosa. Pode ser que não deixe transparecer quanto é ambiciosa, mas a energia está lá e você deve ter grandes aspirações. [Orelhas rentes à cabeça] Você é sensível, indulgente; tem muito tato e sabe ouvir. [Hélice arredondada] A borda externa da sua orelha é bem formada e arredondada. Isso me diz que você precisa de bastante estímulo mental. Você também tem muita energia física e gosta de se divertir. [Concha menos proeminente do que a hélice] Apesar de ter todas as habilidades necessárias para alcançar o sucesso, você precisa se esforçar para atingir seus objetivos. [Lóbulos] Seus lóbulos me dizem que você vive no momento presente, e não presa ao passado nem sonhando acordada com o futuro. Eles me dizem também que a paciência não é um dos seus pontos fortes.

[Sobrancelhas] As suas sobrancelhas são longas e finas. Isso mostra que às vezes você fica atrapalhada com muitos detalhes. Na maioria das vezes, preferiria ouvir um resumo em vez de um relato de cada detalhe. [Sobrancelhas longas] Você se dá bem com a família e com os amigos. Acho que você teve um lar seguro, uma boa criação e uma família amorosa. Você se esforça para ficar sempre em contato com os amigos mais chegados e com os familiares. Você tem bom gosto e gosta de ter coisas bonitas à sua volta. [Sobrancelhas altas] Você gosta de se divertir e tem temperamento fácil. Mas às vezes pode ser fria e distante.

[Olhos] Tenho certeza de que você conhece a expressão: "Os olhos são as janelas da alma". Você tem lindos olhos. [Olhos grandes] Eles me dizem que você é amistosa e que consegue expressar facilmente seus sentimentos. Você é inteligente e tem muita imaginação. [Olhos brilhantes] Seus olhos brilhantes refletem a sua paixão pela vida. Você tem muita energia e precisa se manter ocupada. [Cantos arredondados] Os cantos bem arredondados dos seus olhos mostram que você é leal e dedicada às pessoas que considera importantes. Você também é uma pessoa extremamente boa.

[Nariz] Provavelmente você não gostava do seu nariz quando era mais nova, mas do ponto de vista da fisiognomonia você tem um nariz maravilhoso. Ele me diz quer você tira o melhor proveito de cada oportunidade que encontra. [Nariz longo] O nariz longo sempre foi considerado aristocrático, portanto talvez haja ligações com a realeza na sua árvore genealógica. O nariz longo mostra que você é conscienciosa e responsável, e também que diz o que pensa quando sente que é necessário. Você tem bastante noção do que é certo e do que é errado. A desvantagem de ter um nariz longo é que você tende a ser teimosa. [Ponta voltada para baixo] A ponta do seu nariz é voltada para baixo; isso significa que você consegue avaliar uma pessoa ou uma situação só de olhar. Essa é uma característica útil. Você é astuta nas questões relacionadas com dinheiro. Acho que é cuidadosa com o seu dinheiro e que cuida muito bem dele. [Narinas pequenas] As suas narinas me dizem a mesma coisa. Duvido que você gaste levianamente por impulso.

[Boca] Você tem boca grande e lábios cheios. [Boca grande] Isso mostra que você é generosa e compreensiva e que sabe perdoar. Você passa bons momentos na companhia dos seus entes queridos e gosta de um relacionamento físico saudável com a pessoa que ama. [Lábios cheios] Você é cordial, sociável, afetuosa e sensual. [Lábio superior mais cheio que o inferior] Embora seus dois lábios sejam cheios, o lábio superior é mais cheio que o inferior. Isso me diz que você consegue conversar livremente sobre qualquer assunto. [Cantos curvados para cima]. Você é otimista e tem uma abordagem positiva em tudo o que faz. Tem bom senso de diversão e gosta de fazer as pessoas rirem. [Filtro longo e profundo] O sulco situado entre o nariz e o lábio superior é chamado de filtro. O seu é longo e bem definido. Isso mostra que você é mais feliz quando tem um relacionamento bom, estreito e estável, de preferência com a família. Se você não tiver filhos, o seu instinto maternal se manifestará de outra maneira, provavelmente em alguma forma de criatividade. [Filtro reto] As duas linhas que delimitam o seu filtro são paralelas. Isso mostra que você é uma boa administradora. Significa também que conseguirá equilibrar a sua vida profissional e a sua vida familiar e que será bem-sucedida em ambas.

[Maçãs do rosto curvas]. Você tem belas maçãs do rosto. Elas são arredondadas, isso mostra que apesar de se dar bem com praticamente todo mundo, você precisa ficar sozinha de vez em quando. Algumas pessoas gostam de ficar sempre rodeada de gente, mas você precisa de tempo para refletir sobre a sua vida. Acho que por causa disso você toma decisões mais acertadas. [Linhas nas maçãs do rosto] Você tem linhas bem marcadas que vão do nariz até as laterais da boca. Isso mostra que você aprendeu com a experiência, e também com todo o esforço que teve de fazer para chegar aonde chegou. Você tem leves linhas sob os olhos. Elas mostram que às vezes você estabelece metas, mas outras vezes simplesmente deixa a vida te levar.

[Queixo] Você tem um queixo redondo, o que a torna prestativa e solidária. Você gosta de ajudar os outros. Às vezes você se contém deliberadamente, sobretudo quando estão tentando colocá-la numa posição de liderança.

Vamos analisar agora a parte de trás da sua cabeça. [Formato da cabeça] A sua cabeça faz uma curva suave na parte de cima. Isso mostra que você confia na sua capacidade de fazer aquilo que quer fazer. Você se dá bem com os outros e defende seus pontos de vista quando necessário. [Cabeça estreita] Você tem bastante autocontrole. A sua tendência a se preocupar com o que os outros pensam às vezes representa um problema.

[Cabelo] Você usa o cabelo comprido, e isso mostra que é prática, equilibrada e tem os pés no chão. Você gosta de ter novas ideias e de discuti-las. [Linha frontal curva] A linha do seu cabelo faz uma curva suave. Isso mostra que você é charmosa, eficiente, consciensiosa e prática. Você está preparada para trabalhar com afinco para alcançar seus objetivos.

Existem poucas contradições no seu rosto. Parece que a sua vida está seguindo exatamente o curso que deveria seguir. A sua abordagem positiva em tudo o que faz lhe será bastante útil no futuro. Você tem um rosto lindo.

Segunda amostra de leitura

Vamos supor que você esteja lendo o rosto de um homem de negócios de 40 e poucos anos. Ele tem:

Rosto quadrado

Zona prática grande

Testa grande; duas linhas horizontais e duas rugas de expressão

Orelhas grandes, altas, salientes e "aquadradadas"; lóbulos grandes

Sobrancelhas longas, baixas, grossas e arqueadas

Olhos pequenos, afastados e com os cantos curvados para cima; pálpebras superiores arqueadas

Um grande nariz romano com ponta larga e narinas pequenas
Uma pinta do lado do nariz
Boca de tamanho médio com lábios finos e cantos virados para cima
Filtro curto e bem marcado; o filtro é mais largo embaixo
Maçãs do rosto carnudas com duas linhas de expressão
Queixo largo
Cabeça larga e quadrada
Cabelo curto com entradas

Para esse homem você pode dizer:

[Rosto quadrado] Você é o tipo de pessoa prática e pé no chão. Acredito que seja capaz de fazer qualquer coisa que queira. É persistente, paciente e consegue motivar e inspirar os outros. Você tem a capacidade de mostrar para as outras pessoas como fazer as coisas que você consegue fazer. Depois que elas aprendem, deixa tudo nas mãos delas de bom grado, pois tem confiança que elas farão o trabalho como deve ser feito. Você é ambicioso e está prestes a alcançar seus objetivos.

[Zona prática grande] Você tem uma abordagem forte à vida, quase sensual. Tem também um grande apetite sexual. Você mantém os pés firmes no chão e é essencialmente lógico, mas tem consciência das suas intuições e aprendeu a se guiar por elas também. Na verdade, você tem confiado cada vez mais nelas.

[Testa grande] A sua testa revela que você tem diversos interesses. Há uma contradição aqui, pois a sua testa indica que você não gosta de detalhes, mas a sua sobrancelha diz o contrário. Talvez porque tente fazer coisas demais e não tenha tempo para terminar tudo o que começou. Vale notar que você sempre terá novos interesses ao longo da vida. Isso o ajuda a se manter sempre jovem. A sua testa também mostra que você se sai melhor em cargos que conferem autoridade, graças ao seu tino comercial e à sua capacidade administrativa. [Duas linhas horizontais] As duas linhas horizontais que cruzam a sua testa são longas e profundas. Isso é sinal de popularidade e capacidade de se dar bem com os outros. [Duas rugas de expressão] As duas rugas de expressão estão relacionadas com os seus familiares e entes queridos. Elas mostram que você faz tudo o que pode para que todos eles sejam amados, valorizados e cuidados. Você trata todos os membros da família da mesma forma, com o mesmo amor e a mesma atenção.

[Orelhas grandes] As suas orelhas são grandes. Na leitura chinesa do rosto, isso é sinal de longevidade e sorte. [Lóbulos grandes] Esse é o caso principalmente de alguém que tem bons lóbulos, como você. [Parte superior e lateral mais quadradas] Você é inteligente e, só de olhar, consegue identificar o que é realmente importante numa situação. Você também é capaz de fazer várias coisas ao mesmo tempo. [Orelhas salientes] Suas orelhas são bastante proeminentes e, por causa disso, pode ser que caçoassem de você quando criança. Entretanto, do ponto de vista da fisiognomonia suas orelhas são excelentes. Elas mostram que você é independente e não gosta que lhe digam o que fazer. Você prefere tomar suas próprias decisões acerca das coisas importantes. Essas orelhas também o tornam teimoso. A outra vantagem do seu tipo de orelha é que você tende a atrair dinheiro. [Orelhas altas] A posição das suas orelhas enfatiza as qualidades que já mencionei: você é confiável, consciencioso, pé no chão e ambicioso. [Hélice e concha bem definidas] As duas partes mais visíveis da sua orelha – o círculo interno e o círculo externo – são igualmente bem definidas. Isso mostra que você tem a motivação, capacidade e tenacidade necessárias para alcançar o nível de sucesso que deseja.

[Sobrancelhas] Você tem sobrancelhas longas, grossas e levemente arqueadas. Todas essas qualidades são boas. [Sobrancelhas grossas] Você gosta de saber a história toda, e curte tanto os detalhes quanto a visão global. [Sobrancelhas longas] Suas sobrancelhas longas mostram que você se dá bem com a família e com os amigos. Provavelmente você teve uma infância feliz e quer que sua família seja tão feliz como você foi. Aliás, em relação à família você é generoso com o seu tempo e com o seu dinheiro.

Está preparado para lutar por aquilo que acha certo. [Sobrancelhas baixas] A posição das suas sobrancelhas mostra que você é aberto, amistoso e gosta de ajudar os outros. De vez em quando pode ser impaciente.

[Olhos pequenos] Seus olhos me dizem que você tem dificuldade de expressar seus sentimentos mais íntimos e que controla bastante as suas emoções. [Olhos afastados] Você consegue visualizar toda a situação com um simples olhar. Sua memória é retentiva, e você consegue se lembrar de fatos do início da infância. Você sempre parecerá mais jovem do que realmente é, terá a mente sempre aberta e muitos interesses. Por causa de todas as suas atividades, provavelmente terá dificuldade em terminar tudo o que começou. [Cantos curvados para cima] Você já deve ter reparado que as extremidades externas dos seus olhos são curvadas para cima. Isso mostra que você é confiável, fiel e tem muito senso de humor. [Pálpebras superiores arqueadas] Suas pálpebras superiores são lindamente arqueadas, o que significa que o seu coração será sempre jovem. Você precisa ter sempre uma aspiração. Suas pálpebras superiores arqueadas também revelam que você gosta de ajudar os outros.

[Grande nariz romano] Você tem um nariz notável, que lhe dá energia e poder pessoal. Ele mostra que você gosta de ficar no comando, de preferência num cargo que exige responsabilidade considerável. Você administra bem suas finanças pessoais e não revela detalhes da sua vida financeira. [Ponta larga] A ponta do seu nariz é larga, e isso mostra que você é tolerante, diplomático e tem muito tato. Obviamente, às vezes você é crítico, mas de modo geral aceita as pessoas como elas são. [Narinas pequenas] Você é cuidadoso com seu dinheiro e não gasta à toa. Antes de efetuar uma compra de grande valor, analisa seriamente se realmente precisa daquele objeto. [Pinta do lado do nariz] Você tem uma pinta do lado do nariz. As pintas sempre são interpretadas na leitura do rosto. Uma pinta nesse local mostra que às vezes você tem a impressão de que está trabalhando duas vezes mais que as outras pessoas para chegar aonde quer chegar. Esse é um sinal de que você terá sucesso, mas somente depois de muito trabalho e muito esforço.

[Boca] A sua boca tem um tamanho médio. Isso mostra que você é tolerante, compreensivo, honesto e, em geral, capaz de se adaptar a qualquer situação. [Lábios finos] Seus lábios me dizem que você é determinado, persistente e decidido. Você mantém seus pensamentos e sentimentos sob controle. Vale notar que muitos políticos têm lábios como os seus. Você nunca gostou que pegassem no seu pé. Isso provavelmente remonta à época escolar. [Boca curvada para cima] Você é alegre, positivo e otimista 99% do tempo. [Filtro curto] O sulco entre o seu nariz e o lábio superior revela a mesma coisa que os seus lábios: você não gosta que caçoem de você. [Filtro bem marcado] Felizmente, esse sulco também mostra que você tem reservas praticamente ilimitadas de energia e potencial para ser altamente criativo. [Filtro mais largo embaixo] O nome correto desse sulco é filtro. O seu filtro se alarga à medida que se dirige para a boca. Isso mostra que você vai aprender durante a vida toda. Mostra também que vai adquirir conhecimentos, sabedoria e riqueza à medida que ficar mais velho. Às vezes isso é sinal de casamento ou relacionamento permanente tardio.

[Maçãs do rosto carnudas] As maçãs do seu rosto me dizem que você é uma pessoa feliz, alguém que tira o máximo proveito de toda situação e que gosta de experimentar tudo o que a vida tem a oferecer. Você é espontâneo e pode surpreender os outros, até mesmo aqueles que o conhecem há muito tempo. [Linhas nas maçãs do rosto] Você tem duas linhas fortes que vão das laterais do nariz aos cantos da boca. Elas revelam o esforço que você fez para ser quem é hoje. Mostram também que continua a trabalhar com afinco para alcançar seus objetivos.

[Queixo largo] O seu queixo revela a sua ambição. Mostra também que você confia na sua capacidade e que tudo o que faz tem um propósito definido. Entretanto, mostra também a sua dificuldade em expressar seus sentimentos mais íntimos. Seus olhos transmitem a mesma mensagem, portanto esse é um aspecto que você deveria trabalhar.

[Parte de trás da cabeça] Agora vamos olhar rapidamente a parte de trás da sua cabeça. [Quadrada] Isso mostra que você é confiável e cauteloso. Você pensa muito bem antes de tomar uma decisão, mas depois de tomá-la vai em frente com grande determinação. [Cabeça larga] A largura da sua cabeça me diz que você é ambicioso e determinado. Você gosta mais de dar ordens do que de receber. Você pode ser exigente e controlador, se achar que a situação exige essa postura.

[Cabelo curto] Você usa o cabelo curto. Isso mostra que é decidido e dinâmico, e também que costuma estabelecer metas. Pode ser que se interesse por esportes, como atleta ou espectador. [Entradas] Embora em geral os homens odeiem ficar calvos, a calvície é considerada extremamente auspiciosa na leitura chinesa do rosto, pois é sinal de grande inteligência, sorte e sucesso financeiro. Você está começando a ter entradas, portanto logo verá os benefícios da calvície revelados pela leitura de rosto.

Você tem um rosto forte, com bastante personalidade. Aparentemente, está no ramo certo e fazendo progressos. A família sempre será a coisa mais importante da sua vida, e você permanecerá muito próximo da sua esposa e dos seus filhos, por mais velho que esteja.

No próximo capítulo, vamos começar a analisar as expressões faciais, um dos aspectos mais importantes da comunicação não verbal.

Segunda Parte

COMO LER AS EXPRESSÕES FACIAIS

Capítulo 12

SUAS EXPRESSÕES FALAM MAIS ALTO

> *A expressão do rosto de uma mulher é muito mais importante do que as roupas que ela usa.*
> — DALE CARNEGIE

Sigmund Freud (1856-1939), fundador da psicanálise, conhecia muito bem o poder da linguagem corporal e das expressões faciais. Ele escreveu: "Aquele que tem olhos para ver e ouvidos para ouvir se convence de que nenhum mortal é capaz de manter segredo. Se ele não fala com os lábios, fala com a ponta dos dedos; ele se trai por todos os poros".[1]

Quando Honoré de Balzac (1799-1850), o romancista francês, foi a Viena pela primeira vez, ele não sabia falar o idioma nem compreender a moeda do país. Com receio se ser ludibriado pelos taxistas, ele bolou uma estratégia simples baseada no rosto do motorista. Quando chegava ao seu destino, Balzac dava ao motorista uma única moeda. Se este mantivesse a mão estendida, ele colocava outra moeda. Ele ia colocando uma moeda de cada vez, até que o homem sorrisse. Nessa altura, Balzac retirava a última moeda e saía, satisfeito por ter pago a quantia justa.[2]

Dizem que existem seis emoções faciais universais. É fácil reconhecê-las: surpresa, felicidade, medo, raiva, aversão e tristeza. Como essas emoções podem ser facilmente percebidas, as pessoas costumam mascará-las ou escondê-las quando não querem que os outros saibam quais são seus verdadeiros sentimentos.

Na década de 1960, Albert Mehrabian, psicólogo especializado em comunicação não verbal, chegou à conclusão de que havia três elementos nas interações pessoais: as palavras, o tom de voz e a linguagem corporal. Ele descobriu que as palavras representavam apenas 7% da impressão transmitida, enquanto o tom de voz representava 38% e a linguagem corporal, 55%. Esses três elementos são chamados de "3 Vs" da comunicação: Verbal, Vocal e Visual. O componente da linguagem corporal era composto por 15% de aparência e 40% por expressões faciais e gesticulações. No entanto, seus experimentos envolviam os sentimentos e atitudes das pessoas, o que significa que essas porcentagens podem não estar corretas em outras situações. Ainda assim, elas revelam como o rosto é importante em todas as comunicações interpessoais.[3]

É importante que você consiga identificar e interpretar a comunicação facial não verbal. Além de facilitar bastante a sua vida e torná-la mais agradável, isso também o ajudará a alcançar mais sucesso em todas as áreas.[4] Trata-se de uma habilidade fascinante, e uma habilidade sobre a qual você já conhece um bocado. Por exemplo, só de olhar, provavelmente você consegue dizer se um amigo está irritado, ansioso, entediado, feliz, frustrado, interessado, estressado ou cansado. Se você consegue reconhecer esses sentimentos no rosto de um amigo, provavelmente conseguirá reconhecê-los no rosto de um estranho.

Alguma vez você já cerrou os dentes e aguentou firme, tremeu de raiva ou ficou roxo de vergonha? Como já passou por isso, sempre que identificar essas expressões faciais em outras pessoas, vai entender na hora o que elas significam.

Todos nós assimilamos inconscientemente os traços não verbais da sociedade em que vivemos. No entanto, a maneira como os utilizamos é influenciada pela nossa personalidade. São os nossos pensamentos, sobretudo as nossas emoções, que ditam a nossa maneira não verbal de nos expressar.

Existem variações locais, mas a maioria das dicas não verbais é universal. Eu viajo muito, e acho que o meu conhecimento sobre comunicação não verbal me ajuda a explicar o que preciso quando não falo o idioma. Isso faz com que a minha viagem seja muito mais tranquila e agradável.

Imagine que você vai ao seu café preferido e vê um conhecido. Como você se sentiria se ele sorrisse e, ao mesmo tempo, erguesse as sobrancelhas?

Imagine que você entra no mesmo café e vê outro conhecido. Como se sentiria se ele sorrisse e, ao mesmo tempo, "apertasse" brevemente os olhos?

O conhecido que ergueu as sobrancelhas gosta de você, mas o que apertou os olhos não, apesar de ter sorrido.

O conhecido que sorriu e apertou os olhos forneceu um exemplo de desconexão facial. Isso ocorre quando a sua expressão facial não concorda com aquilo que você está dizendo. Se você encontrasse uma pessoa de quem não gosta numa festa, pode ser que papeasse com ela por um ou dois minutos. Apesar de estarem sorrindo e conversando de uma maneira aparentemente amistosa, alguém que estivesse observando a expressão facial e a linguagem corporal de ambos seria capaz de dizer que vocês não gostam um do outro.

Calcula-se que existam mais de 10 mil expressões faciais. Felizmente, não precisamos interpretar todas elas.

Desde pequenos, nós aprendemos a ocultar os nossos sentimentos, e esse é um dos fatores que dificulta a interpretação das expressões faciais. Lembro que, quando eu era criança, minha mãe me dizia para sorrir quando alguns parentes iam nos visitar. Na verdade, ela estava me dizendo para mentir com o meu rosto. Todos nós somos bons nisso. Nós aprendemos a controlar as nossas expressões faciais, na esperança de disfarçar nossos verdadeiros sentimentos.

Algumas pessoas perdem a capacidade de produzir expressões faciais involuntárias. Algumas vítimas de acidente vascular cerebral (AVC), por exemplo, têm paralisia de um lado do rosto. Os portadores da doença de Parkinson têm uma gama limitada de expressões faciais involuntárias, embora, estranhamente, possam fazê-las de maneira voluntária se quiserem.[5] Infelizmente, muita gente interpreta a incapacidade que essas pessoas têm de fazer expressões faciais involuntárias como falta de interesse, o que representa outro problema para elas. Minha esposa e eu temos um conhecido que sofre de Parkinson e que se tornou semirrecluso com o agravamento da doença. Ele me disse que as pessoas falam com a esposa dele, mas praticamente o ignoram, pois acham que ele não está interessado no que elas têm a dizer. É triste que esse homem inteligente e culto esteja se afastando da sociedade porque as pessoas não conseguem entender o seu problema.

Tem gente que é mestre em ocultar as próprias emoções. Às vezes há uma boa razão para isso. Pode ser que você não queira parecer exultante ao receber um aumento de salário, pois está ao lado de colegas que não tiveram a mesma sorte. Certamente você não vai querer mostrar seus verdadeiros sentimentos ao receber uma boa mão no pôquer. Talvez queira disfarçar suas emoções depois de receber uma notícia ruim pelo telefone. No entanto, até mesmo sentimentos como esses podem ser "lidos" pelos outros, pois é impossível ocultar completamente todos os nossos sentimentos.

Os atores conseguem manipular suas expressões faciais quando estão no palco ou diante das câmeras. Infelizmente, outras pessoas que tentam nos enganar com lágrimas de crocodilo e sorrisos falsos também conseguem. Os vigaristas são um bom exemplo.

Há alguns anos, eu estava prestes a entrar numa biblioteca em Los Angeles quando uma mulher muito bem-vestida se aproximou e disse que tinha um compromisso urgente em Pasadena, mas que haviam roubado o seu carro, junto com a bolsa e os cartões de crédito. Ela precisava de quarenta dólares para pegar um táxi, que me devolveria assim que voltasse para casa. Essa mulher era extremamente convincente, e se eu não tivesse assistido ao noticiário local alguns dias antes, teria engolido a história dela. O noticiário alertava as pessoas contra mulheres bem-vestidas que diziam que seu carro tinha quebrado e que precisavam de dinheiro para pagar o táxi. Aquela mulher estava tentando me aplicar esse golpe. Ela não tinha um compromisso em Pasadena, e tenho certeza de que o carro dela estava parado logo na esquina. Como eu sabia exatamente o que ela estava fazendo, graças ao noticiário da TV, prestei muita atenção a tudo o que ela dizia e fazia. Sua linguagem corporal e suas expressões faciais eram perfeitas. Ela devia ser atriz.

Como as pessoas podem usar suas expressões para enganar os outros, é preciso analisar uma série de dicas faciais que ocorrem em grupo para descobrir o que alguém está realmente sentindo.

Expressões universais

Já mencionei as seis expressões universais: surpresa, felicidade, medo, raiva, aversão e tristeza. Aqui estão as ações que costumam acompanhar esses sentimentos:

Surpresa

O sentimento de surpresa é revelado pela testa, pelas sobrancelhas, pelos olhos e pela boca. As sobrancelhas se erguem e ficam arqueadas, formam-se rugas horizontais na testa, o branco dos olhos se torna visível e a boca se abre.

Alegria

A alegria geralmente é exprimida como um sorriso caloroso. Ela é revelada pelos olhos, pela boca e pelas maçãs do rosto. As pálpebras inferiores se levantam ligeiramente e formam-se rugas sob elas. Os olhos brilham, e podem surgir pés de galinha no canto dos olhos. A boca se estende para os lados e para cima, enfatizando as linhas que vão do lado do nariz até os cantos da boca. Essas linhas forçam as maçãs do rosto a se erguerem. Em geral, a boca se abre ligeiramente, expondo os dentes superiores.

Medo

O medo é revelado pelas sobrancelhas, pela testa, pelos olhos e pela boca. As sobrancelhas se levantam e se aproximam. As linhas da testa ficam mais visíveis e parcialmente franzidas no centro. As pálpebras se erguem, expondo o branco dos olhos. Os lábios se estendem para os lados, numa linha horizontal. Às vezes, os lábios ficam entreabertos.

Raiva

A raiva é revelada pelas sobrancelhas, pelos olhos, pela boca e, às vezes, pelo nariz. As sobrancelhas são empurradas para baixo e para dentro, enfatizando as rugas de expressão. A pálpebra superior e a pálpebra inferior se fecham ligeiramente, estreitando os olhos, que permanecem fixados friamente no que causou a raiva. Os lábios se comprimem e se curvam levemente para baixo. Algumas pessoas também inflam as narinas.

Aversão

A aversão ou repulsa é revelada pelos olhos, pelo nariz, pela boca e pelas maçãs do rosto. As pálpebras inferiores se elevam, criando finas linhas horizontais na pele imediatamente abaixo dos olhos. O nariz fica franzido, e isso faz com que as maçãs do rosto se levantem. O lábio superior se retorce e se eleva no centro.

Tristeza

A tristeza é revelada pela boca, pelas sobrancelhas e pela testa. Os cantos da boca viram para baixo. Às vezes os lábios tremem. As bordas internas das sobrancelhas se levantam, enfatizando as rugas de expressão e o centro das linhas horizontais na testa. Com frequência, a pessoa chora ou fica com os olhos marejados de lágrimas.

O rosto do topo da cabeça até o pescoço

O cabelo

As pessoas que tocam, acariciam ou mexem nos cabelos estão inconscientemente buscando conforto. Talvez por remetê-las à infância, quando o pai, a mãe ou outro ente querido afagava a sua cabeça numa demonstração de carinho e amor.

As pessoas que enrolam o cabelo com o dedo estão ansiosas ou estressadas. Embora o estresse possa ter sido num passado distante, elas adquirem esse hábito.

As pessoas que estão aflitas ou estressadas costumam passar os dedos pelos cabelos para obter alívio temporário.

As mulheres às vezes ajeitam o penteado, alisam os cabelos ou correm os dedos pelos fios para exibir seu comprimento e beleza quando estão na companhia de alguém que acham atraente. Em geral, mas não necessariamente, esse é um gesto inconsciente.

Acenar a cabeça

Na maior parte do mundo, um leve aceno de cabeça é sinal de anuência. Consequentemente, em geral significa "sim". (Entretanto, na Bulgária, Turquia, Sérvia, República de Montenegro, Eslovênia, Irã e partes da Grécia, balançar a cabeça para cima e para baixo significa não. Para dizer sim as pessoas balançam a cabeça de um lado para o outro.)[6]

O aceno de cabeça é usado também em conversas. As pessoas fazem esse gesto por dois motivos: para dizer ao interlocutor que estão ouvindo o que ele está dizendo e também comunicar que estão felizes em continuar ouvindo, pelo menos por ora.

Um aceno rápido mostra que a pessoa está ciente da urgência da situação, ou então que quer falar.

Um aceno lento e prolongado indica que a pessoa não concorda totalmente com o que foi dito.

Na maior parte do tempo, quando alguém quer que seu interlocutor pare de falar, tudo o que tem de fazer é parar de assentir. Quando o interlocutor parar, ela poderá dar a sua opinião ou encerrar a conversa.

Abanar a cabeça

Esse gesto é tão universal quanto o aceno de cabeça. Significa não. Se você estiver tentando vender alguma coisa a alguém e a pessoa abanar a cabeça é sinal de que você precisa mudar de tática e adotar outra estratégia. Esse abano de cabeça provavelmente será discreto, pois em geral é uma reação subconsciente ao que está sendo dito.

Às vezes alguém abana a cabeça levemente quando está falando de maneira positiva e entusiástica sobre algo. Sempre que isso acontece, esse gesto revela os verdadeiros sentimentos da pessoa, por mais positivas ou entusiasmadas que possam ser as palavras.

Inclinar a cabeça

Quando alguém mantém a cabeça ereta enquanto você está falando, demonstra um interesse educado.

Se essa pessoa inclinar ligeiramente a cabeça para um lado enquanto você estiver falando, é sinal de que está ouvindo e absorvendo tudo o que você está dizendo. Esse gesto costuma ser acompanhado por acenos ocasionais para estimular o interlocutor a prosseguir.

A inclinação da cabeça também pode ser um gesto de submissão. Nesse caso, trata-se de uma inclinação maior que expõe parte do pescoço, uma parte vulnerável do corpo. Isso faz com que a pessoa pareça ser mais baixa do que realmente é, e também inocente e sincera.

As pessoas que inconscientemente querem parecer submissas usam esse gesto. Um subordinado pode inclinar a cabeça quando está falando com alguém de cargo mais elevado ou mais importante. O fato de inclinar a cabeça também pode tornar a pessoa mais atraente sexualmente, e tem gente que faz isso de forma deliberada quando conversa com alguém por quem sente atração sexual.

Bater de leve na têmpora ou na testa

Bater de leve na região da têmpora ou na testa com o dedo indicador indica que a pessoa acha que seu interlocutor é maluco, ou então que disse algo absolutamente ridículo.

Pode ser também um insulto deliberado, que dá a entender que o outro é incapaz de ter um raciocínio normal.

Curiosamente, às vezes pode indicar que a pessoa considera seu interlocutor muito inteligente.

Bater na cabeça ou no rosto

Um gesto comum que as pessoas fazem quando acham que fizeram alguma coisa estúpida é bater levemente na própria cabeça. Em geral elas batem no rosto, na testa ou no topo da cabeça.

Ficar com o rosto tenso

As pessoas estressadas ficam com o rosto tenso, as sobrancelhas franzidas e a testa irregular e cheia de linhas de expressão. Elas também podem ter dificuldade de fazer contato visual e, portanto, desviar os olhos constantemente do seu interlocutor ou mirar um ponto imaginário à meia distância. Suas pálpebras também podem tremer.

Franzir a testa

Uma testa franzida não pode ser interpretada isoladamente, pois esse gesto é observado quando as pessoas estão ansiosas, aborrecidas, tristes, furiosas ou concentradas em alguma coisa. Uma pessoa que está atrasada e tentando encontrar seu portão de embarque no aeroporto provavelmente estará franzindo a testa, assim como alguém que foi parado por excesso de velocidade numa via expressa. No entanto, a mesma pessoa também pode franzir a testa quando estiver somando uma coluna de números ou esperando que uma longa reunião chegue ao fim.

As sobrancelhas

Uma sobrancelha erguida é sinal de ceticismo. As duas sobrancelhas erguidas, principalmente quando esse gesto é acompanhado por boca aberta, é sinal de surpresa.

As pessoas abaixam automaticamente as sobrancelhas quando estão diante de alguma ameaça. Elas também fazem isso quando estão chateadas ou com raiva, ou então quando querem dominar ou intimidar os outros. Quem faz isso costuma comprimir os lábios ao mesmo tempo. Já conheci muitas pessoas que fazem isso de propósito. Aparentemente, elas acham que se derem a impressão de estar furiosas, os outros ficarão ansiosos por agradá-las.

Entretanto, quando as sobrancelhas descem muito, é sinal de fraqueza, timidez e insegurança. As pessoas tendem a se aproveitar de quem exibe habitualmente as sobrancelhas abaixadas.

As sobrancelhas também revelam se alguém está interessado em você. Se você for apresentado para alguém, provavelmente vai sorrir. Se a pessoa retribuir o sorriso, mas ao mesmo tempo erguer as sobrancelhas momentaneamente, é sinal de que gostou de conhecer você. Porém, se ela sorrir mas não erguer as sobrancelhas, é sinal de que não está nem aí para você.

Os olhos

Marco Túlio Cícero (106-43 a.C.) disse: *"Ut imago est animi voltus sic indices oculi"* (O rosto é o retrato da mente, assim como os olhos são seus intérpretes). Provavelmente essa é a origem da famosa expressão: "Os olhos são a janela da alma". Com o tempo, isso se tornou um clichê. Porém, os clichês geralmente têm um fundo de verdade, e os olhos são extremamente reveladores para qualquer um que consiga ler os sinais não verbais que eles produzem. Existem inúmeras expressões com olhos, como: "Se olhar matasse", "ela tem um olhar insinuante", "veja aqueles olhos sensuais", "que olhar de ódio" ou "ele tem um olhar inexpressivo". Uma amiga minha escreve romances de muito sucesso. Em seus livros, os olhos dos heróis ardem de desejo, e consequentemente os olhos das heroínas se derretem.

Victor Hugo (1802-1885) era famoso não apenas por seus romances, mas também por seus inúmeros casos amorosos. Em *Memoirs*, ele explicou parte do segredo do seu sucesso com as mulheres: "Quando uma mulher estiver falando com você", escreveu ele, "ouça com os olhos o que ela tem a dizer".

Recentemente, num coquetel, eu vi uma moça cujos olhos brilhavam de felicidade. Seu companheiro lhe disse alguma coisa e, num instante, a expressão dos olhos dela mudou de felicidade para surpresa e dor. Embora ela estivesse distante de mim, em outro grupo, seus sentimentos eram visíveis para qualquer um que observasse. Os olhos revelam muito mais do que pensamos, porque é praticamente impossível esconder as reações emocionais estampadas neles.

O melhor exemplo disso é o fato de as nossas pupilas se dilatarem quando temos interesse por algo ou alguém. A maioria das pessoas não consegue controlar essa reação de modo consciente. Nossas pupilas se dilatam quando gostamos daquilo que vemos e se contraem quando não gostamos daquilo que vemos. Nós só conseguimos dilatar conscientemente as nossas pupilas quando pensamos em alguma coisa que as fez dilatar no passado.

Quando você está surpreso, exaltado ou estimulado, seus olhos se abrem e suas pupilas se dilatam. Isso faz com que o seu cérebro receba o máximo possível de informações. Se a surpresa for agradável, suas pupilas permanecerão dilatadas. Porém, se a surpresa for ruim elas se contrairão numa fração de segundo, oferecendo ao cérebro um quadro bem nítido do que está acontecendo. Assim, você poderá lidar com a situação de maneira apropriada.[7]

A iluminação ambiente influencia a dilatação das pupilas. Se o ambiente estiver muito iluminado, as pupilas se contrairão em consequência da luz forte. Se estiver escuro, as pupilas se dilatarão para melhorar a visão. Portanto, embora pupilas dilatadas mostrem que a pessoa está interessada em você, é preciso analisar a iluminação ambiente para ver o efeito que ela pode exercer nos olhos da outra pessoa.

Desde pequenas, as crianças são ensinadas a não olhar fixamente para as pessoas. Poucas não ouviram: "É feio encarar os outros". Consequentemente, todos nós aprendemos a olhar alguém por um instante e, depois, sem mudar a expressão facial, desviar o olhar. Em locais públicos, o olhar dura cerca de um segundo. Esse tempo é ligeiramente maior em eventos sociais, pois nessas ocasiões as pessoas se olham de cima a baixo.

Você pode demonstrar interesse, ou até mesmo desafiar alguém, permitindo que o seu olhar se demore mais tempo do que seria aceitável.

Um olhar vazio é um insulto, pois significa que você está olhando "através" de alguém, como se ele não estivesse lá. O olhar de ódio é ainda pior, é uma tentativa deliberada de intimidar alguém.

O contato visual revela interesse. Se você conhecesse alguém numa festa que olhou em seus olhos mais tempo que o normal, pensaria que essa pessoa está interessada em você e provavelmente você a acharia atraente.

Uma pessoa que evita contato visual pode ser extremamente tímida, ou então estar tentando esconder algo. Por exemplo, tentando disfarçar o fato de se sentir atraída por você. Pode ter um segredo ou estar envergonhada de alguma coisa. Pode estar nervosa ou se sentindo intimidada por você. Pode estar liberando emoções dolorosas enquanto relata um acontecimento trágico ou evitando contato visual porque contou uma mentira.

A duração do contato visual varia de uma cultura para outra. Na Grécia, as pessoas gostam de olhar e ser olhadas. Na verdade, elas se sentem ignoradas quando os outros não mostram interesse por elas. Na Suécia, as pessoas se olham com menor frequência do que a maioria dos europeus, mas quando olham, o fazem por mais tempo. Os árabes fazem bastante contato visual, tanto quando estão falando como quando estão ouvindo.[8] No Japão, o contato visual direto é considerado indelicado, e entre pessoas de sexo diferente é inaceitável.[9]

Algumas pessoas pertencem a uma cultura em que o contato visual é considerado falta de educação. Quando eu era estudante, trabalhei por um curto período num matadouro que empregava um grande número de jovens das ilhas do Pacífico. Sempre que o supervisor os repreendia, eles olhavam para o chão e riam. Esse era um comportamento apropriado no país deles, mas que costumava enfurecer os supervisores, que ficavam ofendidos com a falta de contato visual e, ainda mais, com as risadinhas nervosas. Se os supervisores soubessem que era assim que as pessoas das ilhas do Pacífico reagiam a esse tipo de situação, teriam se poupado de um grande estresse desnecessário.

Os autistas e portadores da síndrome de Asperger também evitam contato visual, assim como aqueles que sofrem de ansiedade.

Os tímidos geralmente preferem olhar de soslaio, em vez de fazer contato visual direto. Eles costumam voltar os olhos para baixo ao mesmo tempo. A princesa Diana fazia isso. Desmond Morris, zoólogo, escritor e pintor britânico, chama esse gesto de "timidez audaciosa", pois embora o tímido esteja olhando para a outra pessoa, ele não está olhando diretamente; na verdade, está demonstrando humildade ao desviar o olhar.

O contato visual é importante nas conversas do dia a dia. Quem ouve mantém mais contato visual do que quem fala. Calcula-se que a pessoa que fala mantém contato visual de 40% a 60% do tempo, enquanto a pessoa que ouve mantém contato visual cerca de 80% do tempo.[10] Quando termina de falar, a pessoa olha para o seu interlocutor para que ele saiba que está na hora de responder.

O contato visual também serve de orientação para a pessoa que está falando. Quando você está olhando para a pessoa que fala, está prestando atenção ao que está sendo dito. No entanto, se você começar a desviar o olhar, ela vai achar que você não está interessado no que ela está falando.

Contato visual direto é sinal de honestidade, sinceridade, autoconfiança e comunicação aberta. Se você olhar para alguém por mais de alguns segundos, essa pessoa saberá subconscientemente que você está interessado nela. Porém, contato visual exagerado pode ser intimidante para algumas pessoas. Contato visual de menos pode fazer as pessoas duvidarem da sua honestidade, força e autoconfiança. Dizemos que alguém que desvia o olhar rápido demais tem "olhar furtivo".

Quando você gosta de alguém, olha essa pessoa com frequência. Quando não gosta, olha o mínimo possível. Consequentemente, se alguém olha para você com frequência durante uma conversa, é sinal de que gosta de você.

Quem olha constantemente sobre o seu ombro ou para outra pessoa na sala enquanto você está falando, o está insultando, pois está procurando alguém mais importante para conversar.

Surpresa

Quando estão surpresas, as pessoas arregalam os olhos e mostram a esclera, ou branco do olho, acima da íris. Suas sobrancelhas sobem e seus lábios ficam entreabertos. A boca fica relaxada e às vezes se abre.

Medo

As pessoas que estão com medo ou apavoradas arregalam os olhos e erguem as sobrancelhas, que se aproximam. Suas pálpebras inferiores ficam tensas e os lábios ficam retos. Elas piscam mais, e suas pupilas se dilatam. Essa expressão às vezes é chamada de expressão de "veado paralisado pelos faróis do carro".

Raiva

As pessoas que estão irritadas ou com raiva olham diretamente para quem as contrariou. As sobrancelhas se abaixam, enrugando a testa. As pálpebras superiores e inferiores ficam tensas, estreitando os olhos. A mandíbula fica retesada, e o número de piscadas diminui para tornar o olhar mais intimidante.

Descrença ou dúvida

As pessoas que questionam o que acabou de ser dito comprimem os olhos, franzem a testa e erguem uma sobrancelha. Esse pode ser um sinal de descrença ou dúvida.

Tremor palpebral

Esse tremor, causado por um espasmo muscular, é sinal de estresse e tensão. Às vezes dura apenas alguns momentos, quando a pessoa é colocada numa situação difícil, como ser solicitada a falar de improviso. Outras vezes, dura meses. Quando isso acontece, é sinal de que está na hora de diminuir o ritmo, relaxar e "desestressar". Depois que o problema passar, qualquer que seja ele, o tremor cessará.

Olhar furtivo

Algumas pessoas movem os olhos de um lado para o outro quando estão chateadas, perturbadas, constrangidas ou quando não estão sendo sinceras. É por causa da falta de sinceridade que dizemos que esse é um "olhar furtivo".

Mover os olhos de um lado para o outro com o olhar voltado para baixo é sinal de medo, perfídia, deslealdade e egoísmo. Essas pessoas são covardes e fazem qualquer coisa que julgam necessário para salvar a própria pele.

Bloqueio dos olhos

O bloqueio dos olhos é sempre negativo e ocorre quando se comprime, fecha ou cobre os olhos. Em geral, indica desdém e antipatia, mas também pode ser sinal de que a pessoa se sente ameaçada, angustiada ou perturbada. Os mentirosos às vezes bloqueiam os olhos enquanto contam uma mentira.

Recentemente, um jogador inveterado me procurou para pedir ajuda. Ele havia perdido uma vultosa quantia no jogo, mas disse que já tinha superado esse episódio e estava seguindo em frente. Quando me disse isso, uma das suas mãos cobriu brevemente seus olhos, revelando que ele ainda estava contrariado e ainda não tinha aceitado a perda do dinheiro.

Olhos baixos

As pessoas submissas costumam baixar os olhos para não ofender alguém que seja mais dominante. Esse é um gesto deliberado, e não subconsciente.

O ato de baixar os olhos também é comum quando se passa por um estranho na rua. Quando duas pessoas estão a uns dois metros de distância, ambas baixam os olhos até passarem uma pela outra. Ao fazer isso, elas estão sinalizando que não representam uma ameaça. Em bairros tranquilos e sossegados, as pessoas baixam a cabeça e em seguida a levantam, sorriem e dizem "oi" ao se cruzar.

Olhos fechados

O ato de cobrir os olhos com a mão, ou esfregar os olhos, revela que a pessoa não gosta do que está ouvindo. Se ela tocar brevemente um dos olhos durante uma conversa, é sinal de que não está dando muita importância ao que seu interlocutor está dizendo.

Quando alguém recebe uma notícia ruim, seus olhos se fecham rapidamente na tentativa de bloquear a informação. Tem gente que coloca uma mão sobre cada olho ou tampa os dois olhos com uma das mãos quando recebe uma notícia ruim. Se a pessoa estiver segurando um objeto, como um livro, ela vai usá-lo para obstruir os olhos.

Quando alguém mantém os olhos fechados por vários segundos, é sinal de que está processando emoções negativas.

Às vezes quando a pessoa comprime muito os olhos, é sinal de que está tentando negar ou bloquear a notícia ruim.

Se você observar o treinador de um time que está perdendo, verá várias formas de bloqueio ocular. Em casos extremos, ele senta com a cabeça entre as mãos, com os olhos completamente bloqueados.

Olhar por cima dos óculos

Olhar alguém por cima dos óculos é sinal de dominância. Esse olhar é ainda mais ameaçador quando, ao mesmo tempo, a pessoa abaixa ligeiramente a cabeça.

Eu tinha um professor que baixava deliberadamente os óculos sobre o nariz e olhava por cima deles para chamar a atenção de uma criança distraída. Esse gesto era a sua marca registrada, e os alunos que usavam óculos o imitavam na hora do recreio para fazer graça. Embora fosse divertido imitá-lo, para o aluno que tinha sido repreendido não era nada agradável.

Olhar para cima

Se uma pessoa olha para cima com frequência enquanto ouve alguém falar, ela está entediada ou insatisfeita com os rumos da conversa.

Revirar os olhos também pode ser sinal de impaciência. Quando alguém repete uma história várias vezes para a mesma plateia, um dos ouvintes pode revirar os olhos como se dissesse silenciosamente: "Lá vem ele outra vez".

Olhar para baixo

Olhar para baixo é um sinal conhecido de timidez e falta de confiança em si mesmo. Pode indicar também consciência pesada.

Apertar os olhos

Apertar, ou estreitar, os olhos é sinal de antipatia e desconfiança. As pessoas tendem a apertar os olhos quando reconhecem alguém de quem não gostam. Esse gesto pode durar apenas uma fração de segundo, mas é visível para qualquer um que saiba interpretar expressões faciais.

As pessoas também apertam os olhos quando não estão se sentindo à vontade. Elas costumam abaixar as sobrancelhas também, indicando falta de confiança em si mesmas.

Se alguém aperta os olhos ao ler um contrato ou qualquer outro documento legal, é sinal de dúvida e incerteza. Um bom vendedor deve ficar atento a esse sinal e estar preparado para explicar o significado exato daquela cláusula.

Algumas pessoas abaixam as sobrancelhas e apertam os olhos deliberadamente para parecer agressivas e intimidar os outros.

Olhar direto

Os amantes, bem como as mães e os bebês, olham-se nos olhos regularmente. Esse é um sinal de amor, confiança e dedicação. No entanto, alguém que está ameaçando você também vai olhar diretamente nos seus olhos. Nesse caso, essa pessoa está lançando mão de um olhar ameaçador para tentar intimidá-lo. Como o olhar direto pode indicar tanto amor como ódio, é preciso analisar outros fatores para saber o que está acontecendo.

Na nossa cultura, encarar os outros é considerado falta de educação. É por isso que às vezes nós desviamos rapidamente o olhar quando estamos batendo papo com alguém. Isso também nos ajuda a formular os pensamentos sem nos distrair com o rosto do nosso interlocutor.

Ao longo da história, as pessoas de posição social elevada sempre tiveram liberdade para olhar em qualquer direção. As de posição social mais baixa não têm necessariamente esse direito. É por isso que as pessoas baixam humildemente a cabeça em sinal de reverência na presença da realeza ou de alguém de posição social elevada.

Olhar de soslaio

O olhar de soslaio é observado quando alguém baixa a cabeça e depois olha de esguelha para a pessoa com quem está falando. Isso mostra que ela é tímida, reservada e recatada. A princesa Diana fazia isso com frequência. Infelizmente, essa expressão envia mensagens conflitantes. Ela é composta pelo olhar fixo, que é um gesto audacioso, e o abaixar da cabeça, que indica submissão, timidez e falta de confiança em si próprio. Consequentemente, muitas pessoas acham essa expressão desagradável, embora outras a considerem charmosa e atraente.

O piscar e o tremor palpebral

As pessoas piscam mais quando ficam nervosas, ansiosas, preocupadas, estressadas ou aborrecidas. Elas só voltam a piscar normalmente depois que se sentem relaxadas. O presidente Richard M. Nixon "piscou furiosamente" durante o seu discurso de renúncia. Por causa disso, Joseph Tecce, professor de psicologia no Boston College e especialista em linguagem corporal, chama esse piscar excessivo em situações delicadas de "efeito Nixon".[11]

O tremor palpebral é mais importante, pois mostra que a pessoa está contrariada com alguma coisa. Não faz muito tempo, eu estava com um grupo de pessoas quando uma delas fez um comentário ofensivo sobre os homossexuais. Tenho certeza de que ela não tinha a intenção de ofender ninguém deliberadamente, mas apenas fazer uma brincadeira. Embora a senhora que estava sentada ao meu lado não dissesse nada, suas pálpebras começaram a tremer. Como eu era o anfitrião e queria que todos os meus convidados se sentissem à vontade, mudei de assunto imediatamente.

Segundos depois o tremor das pálpebras dela diminuiu e, por fim, cessou. Mais tarde, quando comentei essa passagem com minha esposa, ela disse que provavelmente alguém da família daquela senhora tinha assumido a homossexualidade havia pouco tempo.

Piscar apenas um olho

Piscar um olho é um gesto difícil de interpretar, pois tem diversos significados. A pessoa que faz isso costuma ser considerada vulgar e pode se tornar alvo de piadas.

O objetivo geralmente é criar um clima amistoso e aberto. Pode indicar também que "está tudo bem" ou que o comentário anterior foi sarcástico. Às vezes significa que duas pessoas estão compartilhando um segredo ou uma piada particular. Esse gesto pode ser usado também para amenizar um comentário ofensivo ao transmitir a mensagem: "Eu só estava brincando". Entretanto, ele precisa ser interpretado com cuidado, pois o objetivo pode ser piorar ainda mais a situação, e não melhorar.

Revirar os olhos

Revirar os olhos é sinal de espanto e admiração. Trata-se de um gesto universal usado em todo o mundo.

Desviar o olhar

Quando estão ansiosas, em geral as pessoas evitam olhar nos olhos dos seus interlocutores. Numa situação usual, elas fazem contato visual normalmente. Entretanto, elas têm dificuldade de fazer contato visual quando a conversa se torna desagradável. Provavelmente porque estão pensando no clima ruim que seria criado se elas dessem a sua opinião.

Desviar o olhar voltando os olhos para baixo é um gesto de submissão. Pode ser que haja ocasiões em que essa seja uma atitude prudente. Por exemplo, interromper o contato visual com alguém de condição social mais elevada e de mais prestígio.

Na maior parte dos casos, é melhor desviar o olhar movendo os olhos de um lado para o outro ou para cima. Assim, você ainda estará interrompendo o contato visual, mas sem ser submisso.

Pensamento visual

Através dos olhos, podemos entrar na mente de uma pessoa e identificar de onde está vindo determinada resposta. Será que ela está se lembrando da resposta, visualizando a resposta ou fabricando uma resposta? Aqui está um exemplo que você mesmo pode tentar. Olhe-se no espelho e se faça a seguinte pergunta: "O que os meus pais me deram de presente quando eu fiz 11 anos de idade?" Existe 90% de chance de que, enquanto você estava pensando na resposta, os seus olhos se voltaram para cima à esquerda. Aqui está outra pergunta: "Como seria a Torre Eiffel se ela fosse feita de madeira?" Para visualizar isso, os seus olhos provavelmente se voltaram para cima à direita.

Consequentemente, é possível observar os movimentos oculares das pessoas e saber de onde estão vindo as informações que elas estão acessando. Isso é útil de várias maneiras.

Os movimentos oculares revelam se a pessoa é predominantemente visual, auditiva ou cinestésica. Se você for um vendedor, poderá usar essa informação para fechar uma venda utilizando a linguagem que o cliente prefere.

Os pensadores visuais preferem expressões visuais. Consequentemente, quem é predominantemente visual pode dizer algo como: "Veja bem", ou "Isso está claro para mim".

Os pensadores auditivos usam expressões relacionadas a sons. Alguém que é auditivo pode dizer: "Isso soa bem aos meus ouvidos".

Os pensadores cinestésicos tendem a usar palavras e expressões mais emotivas, como: "Continue, estou chegando lá".

Se você desconfia que alguém está mentindo, pode fazer algumas perguntas e observar os olhos da pessoa para determinar de onde ela está acessando a informação. Depois de identificar seus movimentos oculares, pode começar a fazer perguntas sobre a suposta mentira. Se ela estiver se lembrando de alguma coisa, mas estiver acessando a área onde a informação está sendo fabricada, você tem motivos para desconfiar.

Aproximadamente 90% das pessoas destras fazem os mesmos movimentos oculares. As canhotas geralmente são o inverso das destras. Entretanto, é preciso fazer perguntas para confirmar isso. Entre 5% e 10% das pessoas contrariam a norma, por isso é preciso sempre fazer perguntas para verificar como cada uma opera.

Se os olhos dela se moverem para cima à esquerda, ela está visualmente se lembrando de algo. Por exemplo: "De que cor era a porta da cozinha na casa em que você cresceu?"

Se os olhos dela se moverem para cima à direita ela estará visualizando algo novo ou tentando visualizar alguma coisa familiar de uma maneira diferente. Por exemplo: "Como seria um cão se ele tivesse lábios humanos enormes e elásticos?"

Se os olhos dela se moverem para o lado esquerdo, ela está se lembrando de um som que já ouviu antes. Por exemplo: "Como é o toque do seu telefone celular?"

Se os olhos dela se moverem para o lado direito, ela está imaginando um som que nunca ouviu antes. Por exemplo: "Como seria o som do canto da sereia?"

Se os olhos dela se moveram para baixo à esquerda, ela está dizendo alguma coisa para si mesma. Por exemplo: "Onde deixei as chaves do carro?"

Se os olhos dela se moveram para baixo à direita, ela está sentindo emoções ou a sensação de toque. Por exemplo: "Como será a sensação de estar apaixonada?"

Quando fizer uma pergunta para si mesmo, é bom você movimentar deliberadamente seus olhos para a direita. Se, por exemplo, você olhar para baixo à esquerda enquanto estiver se perguntando onde deixou as chaves do carro, a resposta virá mais rapidamente.

O nariz

Tocar o nariz sempre foi considerado um sinal de falsidade. Pode até ser, mas é comum também as pessoas tocarem ou esfregarem o nariz quando estão avaliando ou refletindo sobre algo. Uma vez me disseram que, quando alguém está passando a mão sobre o nariz, está imaginando que alguma coisa "não está cheirando bem".

As pessoas que estão refletindo sobre alguma coisa muitas vezes tocam ou acariciam a ponta do nariz. Consequentemente, esse gesto pode indicar que elas estão prestes a tomar uma decisão.

Tocar, esfregar ou "beliscar" o nariz pode ser um sinal de que a pessoa não acredita no que a outra está dizendo. Se quem toca o nariz é a pessoa que está falando, é sinal de que pode estar mentindo.

As pessoas às vezes apertam as narinas entre o polegar e o indicador quando ouvem algo desagradável ou recebem uma notícia ruim. Isso é sinal de que ouviram algo realmente terrível.

Nariz empinado

Nariz empinado é o oposto de queixo abaixado. Uma pessoa com o nariz empinado está se sentindo bastante confiante. Talvez esteja sendo crítica ou intolerante. Embora seja inconsciente, esse gesto também pode indicar que ela está demonstrando sua superioridade ou sendo esnobe.

Olhar de cima para baixo do nariz

Olhar de cima para baixo do nariz com os olhos semicerrados é sinal de desdém e desprezo.

Narinas infladas

Narinas infladas é sinal de excitação. As narinas dos amantes inflam em antecipação aos prazeres que os aguardam. Entretanto, elas também podem inflar quando a pessoa decidiu fazer algum esforço físico. Uma vez tomada a decisão, as narinas inflam para permitir a entrada da maior quantidade possível de oxigênio na corrente sanguínea.

Isso é útil quando se está preparando para arrastar um piano ou subir vários lances de escada. No entanto, também pode ser sinal de perigo à vista. Narinas infladas podem indicar que pessoa está prestes a atacá-lo.

Nariz torcido

Quando alguém não acredita no que a outra pessoa está falando, ou não aprova o que está sendo dito, pode torcer o nariz momentaneamente para o lado. De certo modo, ela "fareja" que tem alguma coisa errada. Às vezes, esse pode ser um gesto de antipatia.

Fiau

Uma forma leve de insulto consiste em fazer fiau, ou seja, colocar o polegar na ponta do nariz e balançar os dedos com a mão espalmada. Eu fazia isso quando era criança, e quase tinha me esquecido até que, há pouco tempo, vi uma mulher fazer esse gesto para um grupo de operários que estavam mexendo com ela.

As orelhas

Quando alguém esfrega a orelha entre o polegar e o indicador é sinal de que não quer ouvir o que está sendo dito. Ou não está interessado ou não acredita no que estão lhe dizendo.

Quando alguém coça atrás da orelha com o indicador é sinal de que está confuso, perplexo ou duvida do que estão lhe dizendo.

Às vezes a pessoa cobre as orelhas para deixar que seu interlocutor saiba que ela não quer mais ouvir, ou porque o assunto é muito angustiante ou simplesmente porque já ouviu o suficiente.

Uma maneira mais enfática de dizer que não se quer mais ouvir sobre determinado assunto é colocar o dedo num dos ouvidos e depois balançá-lo. Se alguém fizer isso quando você estiver tentando lhe vender algo, está na hora de parar e mudar de estratégia.

Girar o dedo indicador diante do ouvido é sinal de que alguém ou algo é lelé da cuca.

Maçãs do rosto

Beijar o rosto

O beijo no rosto é um cumprimento popular que, apesar de ser um gesto afetuoso, evita qualquer possível conotação sexual que o beijo na boca pode criar. Em alguns lugares, só se dá um beijo no rosto, mas é comum dar um beijo de cada lado.

Bater no rosto

Quando fazem alguma bobagem, as pessoas às vezes dão um tapinha no próprio rosto de brincadeira, como se estivessem se punindo pelo erro cometido.

Apoiar o rosto na mão

Apoiar o rosto em uma das mãos é sinal de cansaço e transmite a mensagem de que "já basta".

A boca

Os olhos dificilmente mentem, mas a boca sim, e ela frequentemente envia falsas informações. Portanto, você precisa ficar atento quando interpretar as mensagens não verbais que usam apenas a boca.

Expressão habitual da boca

Se você caminhar por uma rua movimentada e olhar as pessoas à sua volta, verá um grande número de expressões faciais. Tirando as pessoas que estão pensando em alguma coisa importante ou engraçada, a maioria terá uma expressão habitual que poderá ser observada principalmente na boca.

Obviamente, todo mundo faz uma grande variedade de expressões com a boca todos os dias. Porém, durante um período, uma expressão em particular se torna habitual, e pode ser interpretada. As posições habituais dos lábios ajudam a decifrar o caráter de uma pessoa. Mesmo quando ela muda de expressão, um traço da sua expressão habitual permanece, e pode ser interpretado.

Boca relaxada indica alguém fácil de lidar, porém também indeciso e facilmente influenciável.

Boca reta e firme indicam alguém consciencioso, confiável e estável.

Boca com cantos curvados para cima, formando um leve sorriso, indica alguém otimista, tranquilo, que adora se divertir e é fácil de agradar.

Boca com cantos curvados para baixo indica alguém obstinado, pessimista e eternamente insatisfeito que fica contrariado facilmente e tende a culpar os outros por tudo o que acontece de errado.

Sorrisos falsos e verdadeiros

São necessários 64 músculos para franzir a testa ou "fechar a cara", mas apenas 13 para sorrir. E um sorriso é muito mais poderoso, além de requerer um esforço consideravelmente menor para ser produzido. Até mesmo os cegos podem "ouvir" um sorriso, pois conseguem detectá-lo na voz de quem está sorrindo.

Estamos acostumados a associar o sorriso à felicidade, mas diferentes sorrisos podem ter propósitos distintos. Há o sorriso de desculpa que damos o dia todo sempre que interagimos acidentalmente com outras pessoas. Quando esbarramos em alguém na estação de trem pedimos desculpa e sorrimos. Quando entrarmos num elevador lotado evitamos olhar nos olhos de qualquer pessoa, mas sorrimos para nos desculpar por fazer com que todo mundo tenha de se espremer um pouco mais. Numa cidade movimentada, uma pessoa comum tem dezenas de encontros casuais durante o dia. Esse sorriso "multiuso", no entanto, não é sincero.

Algumas pessoas dão um breve sorriso no final de praticamente cada frase quando estão conversando. Esse é um sorriso nervoso que revela insegurança e falta de confiança em si mesmo.

Os sorrisos também podem ser usados para encobrir outros sentimentos e emoções. O tenista que perde a partida final de um importante torneio de tênis sorri bravamente para esconder seus verdadeiros sentimentos. As pessoas que lidam diretamente com o público todos os dias sorriem para tornar mais agradável esse contato. Os comissários de bordo sorriem dessa maneira, mas seu sorriso também tem o objetivo de tranquilizar os passageiros que têm medo de voar. Todos esses sorrisos são úteis e servem a um propósito, mas não são sinceros.

No final de década de 1960, um grupo de pesquisadores de Birmingham, Inglaterra, registrou diversos tipos de sorriso.[12] O primeiro é um sorriso simples, ou seja, um leve sorriso em que os dentes não são expostos, como no caso de alguém que sorri para si mesmo.

O segundo é o sorriso de cumprimento que as pessoas trocam quando se encontram. Os incisivos superiores ficam à mostra e há contato visual.

O terceiro sorriso, chamado de sorriso largo, é observado quando as pessoas estão rindo e se divertindo. Nesse sorriso, tanto os incisivos superiores como os inferiores ficam à mostra, e é raro haver contato visual.

O quarto sorriso é o sorriso de cortesia, que as pessoas dão quando estão sendo educadas. Os lábios se estendem para os lados, dando à boca um formato oblongo. Esse sorriso é observado também quando as pessoas fingem que estão se divertindo.

O quinto sorriso é o sorriso "como vai?", usado quando se é apresentado a estranhos. Os lábios se curvam para cima e a boca fica entreaberta, revelando os incisivos superiores.

Um sorriso exagerado, que não envolve as sobrancelhas, é usado para ocultar medo e ansiedade.

Há cerca de cento e cinquenta anos, em 1862, Guillaume-Benjamin-Amand Duchenne de Boulogne (1806-1875), neurologista francês, realizou uma série de testes para descobrir as diferenças entre um sorriso falso e um sorriso sincero, espontâneo. Para isso, ele estimulou eletricamente vários músculos faciais e tirou fotografias das diversas contrações musculares produzidas. O neurologista descobriu que o sorriso falso era produzido pelo músculo zigomático maior, que se estende dos ossos malares até os cantos da boca. O sorriso sincero era produzido pela ação dos músculos zigomático maior e orbicular do olho. Duchenne fez a seguinte observação: "A emoção da verdadeira alegria é expressada no rosto pela contração combinada dos músculos zigomático maior e orbicular do olho. O primeiro obedece à vontade, mas o segundo só é ativado pelas doces emoções da alma".[13]

Em outras palavras, o sorriso sincero enruga o canto externo dos olhos, levanta as maçãs do rosto e ativa os cantos da boca. Receber um sorriso sincero é uma dádiva maravilhosa. É contagiante, e se você receber um, provavelmente ficará feliz e retribuirá.

O sorriso falso só ativa os cantos da boca. É difícil imitar um sorriso sincero. Quase todas as pessoas têm um sorriso social, que reservam para aqueles que não são muito próximos, e um sorriso sincero para aqueles de quem gostam.

Até mesmo os bebês podem dar sorrisos sociais e sorrisos sinceros, como demonstrou um experimento realizado com 35 bebês. Os pesquisadores descobriram que um bebê de dez meses podia sorrir para um estranho sem ativar os músculos ao redor dos olhos. No entanto, quando via a mãe, o bebê produzia um sorriso sincero.[14]

É possível distinguir facilmente um sorriso falso observando uma pessoa por alguns momentos e vendo como ela cumprimenta os outros. A maioria das pessoas receberá um sorriso falso, mas as de que ela realmente gostam receberão um sorriso verdadeiro.

Assim, você saberá como essa pessoa se sente em relação a você. Você também será capaz de perceber se as suas ideias estão sendo bem-aceitas. Se receber um sorriso falso, talvez seja melhor abandonar aquela ideia em particular e mudar de curso.

Em 1906, o dr. Israel Waynbaum, fisiologista francês, descobriu que quando uma pessoa sorri deliberadamente, ela se sente mais feliz e confiante. Da mesma forma, franzir a testa de forma deliberada produz sentimentos negativos. Robert Zajonc (1923-2008), professor emérito de psicologia da Universidade de Stanford, redescobriu essa pesquisa e afirmou que, como o sorriso está relacionado com sentimentos de felicidade, sorrir deliberadamente estimula o cérebro a liberar neurotransmissores positivos que fazem a pessoa se sentir mais feliz. Segundo ele, "Pedir para as pessoas sorrirem, não importa como elas realmente se sentem a princípio, resulta em mais sentimentos positivos; ficar sério, por outro lado, reduz os sentimentos positivos".[16]

Sorriso de boca fechada

As pessoas que querem dominar raramente sorriem. Quando são obrigadas a sorrir, usam dois tipos de sorriso de boca fechada. O primeiro é o sorriso apertado. Nesse tipo de sorriso os lábios são mantidos juntos enquanto os cantos da boca se estendem para os lados. Ele pode ser frustrante para os outros, pois é impossível dizer se a pessoa está realmente sorrindo. De certo modo, ela está ocultando seus verdadeiros sentimentos por trás do sorriso.

No segundo tipo, o sorriso de boca fechada, os músculos ao redor da boca ficam tensos, dando a impressão de que a pessoa vai sorrir, mas conseguiu conter o sorriso.

As pessoas também sorriem de boca fechada quando não querem revelar seus verdadeiros sentimentos. Se alguém lhe diz: "Não se preocupe com isso" e, em seguida, sorri de boca fechada, provavelmente você deve se preocupar. Essa pessoa está ocultando a sua frustação ou contrariedade ao sorrir de boca fechada.

Risada

A risada é uma expressão espontânea que ocorre quando acontece alguma coisa engraçada. A risada é contagiosa: quando alguém começa a rir, todo mundo ri.

A risada também pode ser uma arma poderosa. Esse é o caso quando alguém ri *de* outra pessoa, e não *com* ela. Algumas pessoas não ligam, mas outras ficam magoadas e humilhadas quando sentem que estão rindo delas.

Lábios

Existem dois tipos principais de lábios: grossos e finos. As pessoas que têm lábios grossos parecem ser mais calorosas, mais amigas, mais amáveis e mais sensuais. As que têm lábios finos, por outro lado, são consideradas mais frias, mais fortes, mais firmes e destituídas de emoção. Isso explica por que as mulheres com lábios finos muitas vezes passam batom além da linha do lábio. Isso faz com que elas pareçam mais sensuais e acessíveis.

Franzir os lábios

Quando alguém franze os lábios, mostra que discorda ou está preocupado com alguma coisa que a outra pessoa está dizendo. Se você estiver tentando fazer uma venda e reparar que o cliente franze os lábios, saberá que disse algo de que ele não gostou ou de que discorda. Nesse caso, você terá de voltar atrás, esclarecer a situação e responder às perguntas que acha que ele gostaria de fazer antes de prosseguir.

Comprimir os lábios

As pessoas comprimem os lábios quando estão tensas. Esse é um gesto inconsciente que revela preocupação com alguma coisa. Se a pessoa estiver passando por um momento de grande estresse e ansiedade, além de comprimir os lábios ela vai virar os cantos da boca para baixo.

Passar a língua nos lábios

Há várias razões para se passar a língua nos lábios. Pode ser indício de nervosismo, pois a boca fica seca quando se está estressado ou tenso. Pode ser que a pessoa esteja contando uma mentira. Algumas pessoas, sobretudo os fumantes, têm lábios secos e costumam passar a língua constantemente nos lábios. Pode ser também uma forma de flerte.

Morder os lábios

Morder os lábios é sinal de ansiedade. Quando uma pessoa morde um dos lábios, ela está se contendo para não dizer algo que pode ser constrangedor.

Além disso, está sendo reconfortada pelo apoio fornecido pelos dentes. A princesa Diana foi fotografada várias vezes mordendo os lábios. Isso revelava a sua ansiedade, e possivelmente irritação, com o cerco dos *paparazzi*.

Levar objetos à boca

Quando estão ansiosas, as pessoas frequentemente sentem necessidade de colocar alguma coisa na boca. Por exemplo, mascar chiclete e morder o cigarro, a haste dos óculos e o polegar. Algumas pessoas roem as unhas pela mesma razão. Gosto de futebol e acho fascinante ver Sir Alex Ferguson, treinador do Manchester United Football Club, mascar chiclete durante uma partida. Quando tudo está indo bem para o seu time, ele masca lenta e regularmente. No entanto, a velocidade e a força aumentam consideravelmente quando o seu time está sob pressão.

Cobrir a boca

Todos nós aprendemos a cobrir a boca ao tossir ou espirrar. Da mesma forma, muita gente cobre a boca para não dizer alguma coisa da qual possa se arrepender mais tarde. Quando alguém põe os dedos abertos sobre a boca, está efetivamente "peneirando" as palavras à medida que fala.

Cobrir a boca ou tocar os lábios também pode ser sinal de mentira.

Muitas vezes, é também um gesto um tanto cômico. Depois de dizer alguma coisa que não devia, a pessoa coloca a mão sobre a boca, como se estivesse tentando impedir – tarde demais – que as palavras saiam.

Em muitos países asiáticos, é falta de educação revelar a parte interna da boca. Consequentemente, muitos asiáticos cobrem a boca ao sorrir ou rir.

Esgar

O esgar, ou sorriso escarninho, é encontrado em todo o mundo e invariavelmente considerado sinal de desdém e depreciação. Esse sorriso é criado quando os músculos laterais do rosto se contraem, fazendo com que os cantos da boca sejam puxados em direção às orelhas. Os lábios muitas vezes também se retorcem. Em geral, o esgar dura apenas um momento e indica que essa pessoa não tem respeito por você e acha que nem você nem suas ideias têm valor. Às vezes ela mantém esse sorriso de propósito, mostrando claramente sua antipatia e seu desdém e desprezo.

Sarcasmo

Um sorriso distorcido e unilateral, que faz com que a bochecha fique franzida, é sinal de que a pessoa finge concordar com o que está ouvindo, mas na realidade sente desprezo.

Um sorriso assimétrico também indica que a pessoa não está prestando atenção ao que está sendo dito.

Bocejar

A maioria das pessoas acha que bocejo é um sinal de tédio, e algumas vezes realmente é. Quando alguém está fazendo uma tarefa repetitiva ou esperando muito tempo para ser atendido, é provável que boceje.

Entretanto, as pessoas também bocejam quando estão tensas, nervosas ou diante de um grande problema. Esses bocejos são conhecidos como bocejos de estresse e servem a uma boa causa, pois desviam temporariamente a atenção da ansiedade.

Existe também o bocejo ameaçador. Pessoas dominantes usam esse tipo de bocejo quando querem impor, ou recuperar, a sua autoridade.

Rir

Em geral, as pessoas riem quando acham alguma coisa engraçada. No entanto, elas também riem quando estão ansiosas. O exemplo clássico desse tipo de risada foi o Experimento Milgram, um estudo controverso sobre obediência realizado no início da década de 1960 pelo dr. Stanley Milgram (1933-1984), professor da Universidade de Yale. Voluntários pagos que concordaram em participar do experimento foram levados a um laboratório onde um pesquisador estava ensinando alguém a memorizar uma lista de palavras. Os voluntários foram instruídos a estimular e treinar o aluno por meio da administração de choques elétricos. O que eles não sabiam é que tanto o pesquisador como o aluno eram atores contratados, e que o aluno, apesar dos gritos e reações, como bater na parede, não recebia choque algum. Toda vez que o aluno cometia um erro, o voluntário tinha de aumentar a voltagem.

Surpreendentemente, 26 dos 40 voluntários se dispuseram a aplicar choques de até 450 volts no aprendiz, apesar de ouvir seus gritos de angústia na sala ao lado. Entretanto, embora estivessem preparados para administrar os choques, muitos estavam infelizes com a situação, e cerca de um terço deles ria ou sorria quando ouviam o "aprendiz" gritar e pedir socorro.

Mais tarde, quando foram perguntados sobre as risadas, nenhum dos voluntários conseguiu explicar. Parecia que eles estavam rindo do sofrimento do aluno, mas na verdade a risada era uma reação nervosa ao que estavam fazendo.[17]

A língua

A língua pode revelar claramente o que está se passando na mente de alguém. Quando uma pessoa está estressada, por exemplo, fica com a boca seca e, consequentemente, passa a língua nos lábios para umedecê-los. É interessante observar que todos nós nos tranquilizamos passando a língua nos lábios de um lado para o outro, pois isso nos acalma.

Quando uma pessoa está atentamente concentrada numa tarefa, ela espeta a ponta da língua na parte interna da bochecha ou põe a língua um pouquinho fora da boca. Essa ação inconsciente serve para acalmar.

Em todo o mundo, as crianças, e um bocado de adultos, mostram a língua para irritar e provocar outras pessoas.

Cerrar os dentes

As pessoas costumam cerrar os dentes quando estão com raiva ou tensas. Entretanto, algumas têm os dentes permanentemente cerrados, mostrando que estão sempre irritadas, estressadas ou tensas.

Ficar de queixo caído

Quando estão surpresas, céticas, horrorizadas, chocadas, impressionadas, perplexas, incertas ou apreensivas, as pessoas ficam momentaneamente de queixo caído. Tem gente que faz isso de propósito para produzir efeito, mantendo o queixo assim por mais tempo do que faria se estivesse realmente espantada. Esse gesto pode ser desconsiderado, pois é pura afetação.

Projetar o queixo para a frente

Esse é um gesto um tanto agressivo que, em geral, um homem faz para outro. É como se ele dissesse: "não se meta" ou " não interfira".

Esfregar o queixo

Esse é um gesto comum em reuniões. Quando as pessoas começam a avaliar o que foi dito, elas passam o polegar e o indicador no queixo. Isso é sinal de que elas estão tomando uma decisão. Quando isso acontece durante uma apresentação de venda, é importante que o vendedor interrompa o processo até que esse gesto cesse. As expressões e os gestos que a pessoa faz depois de esfregar o queixo dizem ao vendedor se a decisão foi positiva ou negativa.

Enrubescer

As pessoas enrubescem quando ficam envergonhadas ou constrangidas, ou então quando são flagradas dizendo algo que sabem que está errado. Elas também enrubescem quando estão na companhia de alguém que amam em segredo. Como é totalmente involuntário, o rubor revela o estado emocional da pessoa.

Conheci um homem que ficava vermelho toda vez que exagerava um fato ou contava uma mentira. Isso era um problema para ele, pois ele era obrigado a falar a verdade até mesmo em situações em que teria sido mais diplomático mentir. Além de ficar vermelho, ele começava a suar em bicas e muitas vezes saía de eventos mais cedo por causa do constrangimento que isso lhe causava.

Empalidecer

A palidez é o oposto do rubor. Quando alguém fica pálido, seu rosto torna-se "branco". Isso ocorre quando alguém tem um choque inesperado, como um acidente de carro ou uma notícia ruim. É um sinal de estresse repentino extremo.

A palidez é causada pela canalização do sangue pelo sistema nervoso autônomo, para permitir a reação de luta ou fuga. Essa reação deve ter sido útil no passado, mas no mundo de hoje piora o estresse, pois geralmente não há nada que a pessoa possa fazer para amenizar a situação.

Fazer cara de desaprovação

Existem várias expressões faciais que indicam desaprovação, como revirar os olhos e balançar a cabeça lentamente de um lado para o outro. Franzir o nariz é sinal de antipatia e discordância. Em geral, esse gesto dura apenas alguns momentos e pode facilmente passar despercebido. No entanto, trata-se de um indicador preciso do que a pessoa está pensando.

O queixo e o maxilar

A parte inferior do rosto pode ser surpreendentemente reveladora dos estados emocionais.

Raiva

Quando estão com raiva, as pessoas projetam o queixo para a frente. Recentemente, fui buscar minha neta no jardim de infância e vi dois menininhos discutindo. Os dois estavam com o queixo projetado para a frente para enfatizar sua raiva. Os adultos inconscientemente fazem esse gesto quando estão nervosos ou se sentem injustiçados.

Queixo abaixado

A expressão "levante o queixo" é usada para pessoas que parecem tristes ou deprimidas. Esse é um indicador confiável de como a pessoa se sente, pois queixo abaixado é sinal de falta de confiança em si mesmo e de pensamentos negativos. As pessoas geralmente abaixam o queixo quando estão estressadas ou com algum problema.

Tédio

Apoiar o queixo com a mão é sinal de tédio. Indica que a pessoa está tentando se concentrar naquilo que está acontecendo e que apoiou o queixo para ficar mais concentrada.

Concentração

É o oposto do gesto de apoiar o queixo. Quando alguém afaga o queixo, como se estivesse cofiando a barba, é sinal de que está ouvindo atentamente o que está sendo discutido.

Dentes cerrados

Dentes cerrados indicam que a pessoa está desconfortável e se sentindo pouco à vontade. Pode ser sinal de nervosismo.

O pescoço

As pessoas esticam o pescoço quando têm alguma dúvida. Portanto, se você disser alguma coisa que está claramente incorreto e seu interlocutor esticar o pescoço, você saberá que não se safou.

Gestos de proteção

Existem cinco gestos de proteção que podem ser observados no mundo todo.

Cobrir os olhos com uma das mãos ou com as duas mãos impede que a pessoa veja o que quer que esteja causando sua angústia.

Cobrir a boca impede que ela diga alguma coisa da qual possa se arrepender mais tarde.

Cobrir todo o rosto com as mãos combina os dois primeiros gestos de proteção. Com todo o rosto tampado, ela não consegue ver o que está acontecendo nem pode comentar sobre o evento aflitivo.

Segurar a cabeça com as duas mãos confere proteção simbólica, pois cria um escudo contra danos psicológicos diante de um fato angustiante. Eu presenciei um exemplo disso recentemente numa partida de golfe. Um jogador errou uma tacada fácil, e vários espectadores levaram imediatamente as mãos à cabeça.

Em vez de levar as mãos à cabeça, pode-se colocar as duas mãos atrás da cabeça. Essa é uma forma de se acalentar, como uma mãe que segura a cabeça do bebê. Esse gesto não deve ser confundido com o de entrelaçar as mãos atrás da cabeça com os cotovelos voltados para fora. Esse é um gesto ameaçador, cujo objetivo é fazer com que a pessoa pareça maior e mais perigosa.

Rosto inexpressivo

Esse é outro recurso que as pessoas usam para se proteger. Em geral, o rosto é animado e vivo. Portanto, pode ser surpreendente ver alguém com um olhar vago e músculos faciais sem vida. Isso mostra que a pessoa se dá por vencida e simplesmente quer que a situação chegue ao fim.

Às vezes, quando estão aborrecidas ou com raiva, as pessoas ficam com o rosto inexpressivo, para que os outros não saibam quanto elas estão contrariadas ou irritadas.

Certa época, eu fiz uma série de *workshops* dentro de um presídio. Muitos dos detentos mantinham o rosto impassível para não parecerem ameaçadores e, assim, passarem despercebidos.

Isso é comum em locais onde há muita gente, como elevador, trem e ônibus. Nesses casos, as pessoas ficam com o rosto inexpressivo, mexem-se o mínimo possível e evitam fazer contato visual.

Grupos de sinais

Neste capítulo, nós analisamos diversos gestos e expressões isolados. Na verdade, é impossível saber o que alguém está sentindo com base numa única expressão ou num único gesto, pois cada expressão e cada gesto podem ser interpretados de várias maneiras. Não é necessariamente um sinal de mentira o fato de uma pessoa tocar o nariz enquanto conversa com você. Pode ser que o nariz dela simplesmente esteja coçando. Portanto, é importante que você observe a pessoa durante algum tempo para ver se detecta outras dicas. Os sinais podem ocorrer em grupos.

Se alguém chegasse perto de você com olhos apertados, sobrancelhas abaixadas e sem sorrir, você acharia que ela tem boas intenções? Essa pessoa certamente não está sendo simpática, mas sim tentando dominá-lo ou intimidá-lo.

Se você assistir a alguns dos antigos filmes de faroeste de Clint Eastwood verá que os personagens que ele interpretava tinham exatamente essa expressão facial.

Uma pessoa extremamente ansiosa vai tossir, engolir e morder os lábios. Pode ser também que sinta necessidade de colocar alguma coisa na boca, como chiclete, cigarro, uma caneta, um lápis ou até mesmo o polegar.

Você confiaria em alguém que olhasse diretamente para você, tivesse um rosto animado, olhos brilhantes e lhe desse um sorriso genuíno?

Vamos supor que você esteja conversando com alguém que conheceu numa festa. Enquanto você fala, essa pessoa fica com o rosto inexpressivo e olha para os lados. Um minuto depois, ela leva a mão à boca para reprimir um bocejo e depois suspira. Você não precisa entender nada de expressões faciais para saber que ela não está interessada na sua companhia e o está rejeitando abertamente.

O seu rosto pode melhorar a sua vida

Você pode usar os segredos da leitura das expressões faciais para fazer novos amigos, alcançar o sucesso e ter uma vida mais prazerosa. Aqui estão três coisas simples que você pode fazer para tornar a sua vida mais tranquila, mais fácil e muito mais divertida.

Olhe nos olhos das outras pessoas, pois estará transmitindo confiança.

Sorria. Se você parecer feliz, fará outras pessoas felizes. Um sorriso sincero sempre produz boas reações.

Assinta com a cabeça. Quando você faz isso, estimula os outros e demonstra que está interessado no que eles têm a dizer.

A maioria das pessoas não tem consciência dos sinais não verbais que elas enviam, tanto positivos como negativos. Depois que você começar a prestar atenção aos seus sinais habituais, poderá mudá-los, se for necessário, para transmitir a imagem que deseja projetar.

O dono de um restaurante que eu conheci aumentou a sua clientela quase do dia para a noite depois que um amigo lhe disse que ele estava sempre de cara amarrada e que devia sorrir mais. Sua expressão sisuda não refletia seus verdadeiros sentimentos, pois ele era um homem feliz. Ele descobriu também que se sentia muito melhor consigo mesmo e com a sua vida quando sorria.

Interpretar as expressões faciais pode ajudá-lo de muitas maneiras. Todo mundo vai gostar de conversar com você, pois saberá dar as respostas certas. Você conseguirá acalmar pessoas estressadas ou irritadas antes que elas se tornem agressivas. Além disso, terá uma vantagem oculta em todas as suas interações pessoais, pois conseguirá interpretar a linguagem corporal. Isso tudo vai ajudá-lo a lidar melhor com as pessoas, a ter mais autoconfiança e a atingir seus objetivos com mais facilidade.

No próximo capítulo, vamos analisar como usar esse conhecimento para determinar quando alguém está sendo desonesto ou mentindo.

Capítulo 13

SINAIS DE MENTIRA

Quando os olhos dizem uma coisa e a língua diz outra,
um homem experiente confia na linguagem dos olhos.
— RALPH WALDO EMERSON

A maioria das pessoas sabe mentir, mas não sabe detectar mentiras. Inúmeros estudos revelaram que as pessoas conseguem detectar mentiras deliberadas pouco mais que 50% do tempo. Isso dá aos mentirosos habituais uma enorme vantagem, pois eles sabem que, grande parte do tempo, vão "emplacar" suas mentiras.

Uma pessoa comum mente várias vezes por dia. Em geral, o objetivo dessas mentiras é não magoar os outros e tornar a vida de todo mundo mais agradável. Se uma mulher perguntar se você gostou do vestido novo dela, certamente você dirá que sim, mesmo que tenha achado horroroso. Da mesma forma, provavelmente dirá ao seu anfitrião que a refeição estava deliciosa, mesmo que a tenha achado intragável.

Às vezes as pessoas mentem porque temem as consequências da verdade. Essa é uma forma de se proteger. Se você devia ter concluído um trabalho num determinado dia, mas não conseguiu, talvez evite discussões ou atritos dizendo que já concluiu.

As pessoas mentem para proteger amigos ou familiares. Se um amigo querido foi acusado de alguma coisa, você diz que ele é inocente, apesar de saber que não é verdade.

No ambiente profissional as mentiras são muito comuns. Você liga para uma empresa e pede para falar com alguém. A secretária lhe diz: "ele não está na sala" ou "ele está em reunião". Talvez seja verdade, mas também pode ser que seja mentira, talvez essa pessoa simplesmente não queira falar com você. Você liga para outra empresa e pergunta sobre a entrega de uma mercadoria que comprou. A resposta que você recebe é: "A encomenda foi despachada ontem". Pode ser que seja verdade, mas também talvez seja uma tática protelatória.

As pessoas mentem com frequência para reforçar a própria imagem, principalmente quando acham que não são muito bem-sucedidas. Conheci um homem que afirmava ser piloto de avião, quando na verdade era comandante de voo; e também uma mulher que dizia ter escrito uma série de romances históricos. Ela queria ser escritora, mas ainda não era.

As pessoas mentem com frequência quando estão tentando impressionar alguém que acabaram de conhecer, sobretudo quando acham que existe a possibilidade de um envolvimento amoroso, e também quando terminam um relacionamento. Uma das mentiras mais comuns que existe é: "Eu te ligo".

Tem gente que mente mal e se denuncia de várias maneiras. Mas existem pessoas que mentem muito bem e que não hesitam em mentir para conseguir o que querem. Os mentirosos tarimbados são convincentes e conseguem nos fazer acreditar que estão felizes ou tristes. Precisamos ficar alertas para captar os sinais de que eles estão mentindo.

Existem várias dicas faciais que podem ajudar a revelar um mentiroso.

Expressões

Microexpressões

Microexpressões são expressões faciais genuínas que duram menos de um quinto de segundo. Às vezes são tão rápidas que mal se percebe. Se alguém estiver sorrindo para você, mas por uma fração de segundo deixar transparecer um olhar de raiva, você saberá que o sorriso era forçado. Essa pode, por exemplo, ser uma dica de que essa pessoa não gosta de você, apesar de parecer simpática.

Emoções suprimidas

As emoções suprimidas surgem com maior frequência, e duram mais que as microexpressões. Assim que se dão conta disso, ou quando lhes convém, as pessoas substituem a emoção suprimida pela expressão que elas querem que você veja.

Há cerca de dez anos, houve um caso de assassinato no meu país em que o marido parecia desconsolado, arrasado com a morte da esposa sempre que havia alguma plateia ou câmera por perto. No entanto, ele tirava a máscara assim que achava que estava longe dos olhos do público.

"Vazamento"

O vazamento ocorre quando alguém diz alguma coisa, mas seu corpo e seu rosto dizem outra. Por exemplo, quando alguém diz que concorda com você, mas, ao mesmo tempo, abana levemente a cabeça, declarando discordância subconscientemente. Microexpressões e expressões suprimidas também são exemplos de vazamento.

Músculos faciais

A maior parte dos músculos faciais pode ser controlada conscientemente. Entretanto, os músculos da testa e das sobrancelhas em geral podem fornecer dicas de como as pessoas realmente estão se sentindo, pois são muito mais difíceis de ser manipulados conscientemente.

Por exemplo, quando uma pessoa tem rugas no centro da testa, criadas pelo levantamento dos cantos internos das sobrancelhas, ela está triste.

Quando uma pessoa levanta e aproxima as sobrancelhas, ela está preocupada ou com medo.

Sorrisos falsos

No capítulo anterior, nós falamos sobre sorrisos sinceros e sorrisos falsos. Os mentirosos geralmente usam o sorriso para transmitir emoções que, na verdade, não estão sentindo. Um exercício interessante consiste em olhar fotografias de pessoas em jornais e revistas e tentar identificar quais são os sorrisos sinceros e quais são os sorrisos falsos. Se ficar em dúvida, cubra a metade inferior do rosto e veja os olhos e a parte superior das maçãs do rosto.

Piscar

As pessoas piscam mais quando estão ansiosas ou tensas. Em geral, nós piscamos cerca de 15 vezes por minuto. Quando alguém começa a piscar muito mais do que isso, é sinal de que está tenso, mas será que está mentindo?

Os pesquisadores da Universidade de Portsmouth, no Reino Unido, descobriram que os mentirosos experientes permanecem o mais imóveis possível e controlam a frequência com que piscam. As pessoas tendem a fazer menos movimentos quando estão pensando, e os mentirosos precisam pensar bastante. A dra. Samantha Mann, psicóloga da Universidade de Portsmouth, disse o seguinte: "As pessoas esperam que os mentirosos fiquem nervosos e inquietos, agitados, mas a nossa pesquisa demonstra que não é isso o que acontece". Ela descobriu também que, quando indivíduos suspeitos mentiam em depoimentos à polícia, eles faziam mais pausas durante o depoimento e piscavam 18,5 vezes por minuto. Quando estavam falando a verdade, piscavam 23,6 vezes por minuto.[1] Os mentirosos experientes obviamente não se sentem culpados nem estressados, tampouco têm medo de ser descobertos.

É interessante observar que O. J. Simpson não piscou muito quando estava sendo julgado pelo assassinado de sua esposa e de Ron Goldman. Bill Clinton também não piscou muito enquanto dizia ao mundo que não tinha tido relações sexuais com Monica Lewinsky.[2] Já o ex-senador John Edwards começou a piscar rapidamente quando negou que estava tendo um caso.[3]

Aparentemente, uma redução na frequência de piscadas é uma boa indicação se alguém está mentindo ou não. Entretanto, o aumento da frequência também deve ser levado em consideração, pois, no mínimo, é sinal de maior tensão e ansiedade. Esse é um indicador mais preciso de mentira que o contato visual. Em geral, as pessoas acham que os mentirosos têm dificuldade de olhar nos olhos do interlocutor. Mas parece que ocorre o contrário, pois muitos mentirosos fazem mais contato visual quando estão contando uma mentira.

Ralph V. Exline (1922-1993), ex-professor de psicologia da Universidade de Delaware, realizou um famoso experimento sobre honestidade. Ele dividiu os alunos em duplas e disse que eles iam participar de um experimento sobre tomada de decisão. O que eles não sabiam é que um aluno de cada dupla estava trabalhando para o pesquisador. No meio da prova, o pesquisador saía da sala. Logo em seguida, o falso aluno sugeria ao parceiro que eles colassem no teste.

Naturalmente vários alunos se recusaram, mas muitos concordaram em colar. Quando retornava à classe, o pesquisador fingia estar desconfiado com o bom desempenho apresentado pela dupla. No final, ele dizia que os resultados eram inconcebíveis e acusava os alunos de terem colado.

Antes do início do experimento, os alunos haviam preenchido um formulário em que se classificaram como "pouco maquiavélicos" (leais, francos, honestos e amorosos) ou "altamente maquiavélicos" (astutos, trapaceiros, calculistas e oportunistas). Os alunos que se classificaram como "pouco maquiavélicos" desviaram os olhos do pesquisador ao mentir. No entanto, os "altamente maquiavélicos" olharam bem nos olhos do pesquisador. Na verdade, eles aumentaram o grau de contato visual.[4]

Incongruência

Muitas vezes é sinal de falsidade quando alguém, de repente, faz algo diferente do que estava fazendo até então. Por exemplo, se uma pessoa estava sentada calmamente, mas esfrega o nariz ou inclina a cabeça antes de responder a uma pergunta controversa, a mudança repentina indica que ela pode estar prestes a mentir.

Outro exemplo é o de alguém que estava fazendo contato visual regularmente, mas que, de uma hora para outra e sem motivo aparente, abaixa a cabeça e olha para o chão.

Assimetria

Em geral, as emoções verdadeiras são estampadas no rosto de forma simétrica. A única exceção é o sentimento de desprezo, em que um lado da boca se contorce. É interessante observar que, quando as pessoas fazem uma expressão deliberadamente, em geral ela é assimétrica. Por exemplo, um sorriso torto ou com uma narina ligeiramente levantada ou inflada.

Virar a cabeça

Eu achava que o fato de uma pessoa virar a cabeça enquanto estava conversando com alguém indicava que ela estava mentindo, mas mudei de ideia quando conheci um homem que tinha um leve problema de surdez. Na maioria das vezes, ele virava a cabeça para tentar ouvir melhor. As pessoas predominantemente auditivas também fazem isso de vez em quando.

Mas ainda fico desconfiado quando alguém faz contato visual e, depois, vira a cabeça e olha em outra direção enquanto está falando.

Sinais reveladores no rosto

As indicações faciais devem ser interpretadas em grupo. Por exemplo, se alguém esfregar ou tocar o nariz durante uma conversa, tanto pode estar tentando esconder algo como ter uma coceira no nariz. Bill Clinton tocou o nariz várias vezes enquanto afirmava que não tinha tido relações sexuais com "aquela mulher". Curiosamente, os drs. Alan Hirsch e Charles Wolf, neurologistas da Smell and Taste Treatment and Research Foundation [Fundação para Pesquisa e Tratamento do Olfato e Paladar], descobriram que quando uma pessoa mente seu coração bate mais rápido, fazendo com que os capilares do nariz se expandam. Os pelos nasais também são afetados, provocando uma sensação de coceira. Embora não seja visível, o nariz aumenta temporariamente de tamanho. Esse fenômeno é conhecido como "Efeito Pinóquio".

Em relação aos olhos, de duas uma: ou os mentirosos evitam fazer contato visual ou olham diretamente nos olhos do interlocutor, sem desviar o olhar ou desviando-o mínimo possível. Outra dica é que as pupilas dos olhos dos mentirosos muitas vezes se dilatam.

Os pesquisadores R. E. Lubow e Ofer Fein descobriram que, medindo o tamanho da pupila de suspeitos em fotografias tiradas na cena do crime, eles conseguiam identificar os culpados com uma taxa de acerto de 70%. Descobriram também que conseguiam eliminar os inocentes 100% das vezes.[5]

Alguns mentirosos cobrem a boca com os dedos ou com a palma da mão, talvez numa tentativa inconsciente de evitar que os outros vejam a mentira sair da boca deles. Outros tocam ou puxam a orelha, talvez numa tentativa inconsciente de não ouvir a própria mentira. Esfregar um olho pode indicar que a pessoa não quer ver o que acontece em consequência da sua mentira.

Muita gente engole imediatamente antes de contar uma mentira. Esse sinal é mais fácil de detectar nos homens, pois seu pomo de adão se mexe.

As pessoas que se sentem culpadas por ter contado uma mentira costumam ficar vermelhas. Isso acontece porque os sentimentos gerados pelo ato de mentir provocam um aumento na temperatura corporal. Muitas vezes, quem não fica vermelho afrouxa o colarinho, ou mexe na gola, para liberar o acúmulo de calor.

Silêncio

Um ex-policial me disse que considerava o silêncio uma arma poderosa para desmascarar mentirosos. Quando alguém lhe dizia alguma coisa da qual ele duvidava, ele simplesmente encarava a pessoa com um olhar de descrença. Se ela estivesse mentindo, ficava incomodada. Se estivesse dizendo a verdade, ficava frustrada ou irritada (lábios comprimidos, sobrancelhas abaixadas e olhos estreitados).

A cabeça

Muitos mentirosos balançam a cabeça com frequência enquanto falam, numa tentativa de fazer com que acreditem em sua mentira.

O restante do corpo muitas vezes permanece imóvel. É fácil ver isso, pois a única parte que se move é a cabeça.

Quando mentem, as pessoas geralmente têm vontade de tocar o próprio rosto.

Os olhos

A maioria das pessoas tem dificuldade de olhar nos olhos do interlocutor quando conta uma mentira. Esses mentirosos despreparados olham para baixo ou para os lados, e só olham de relance para a pessoa para quem estão mentindo. Os mentirosos tarimbados, por outro lado, olham diretamente nos olhos do interlocutor.

Qualquer mudança no tempo de contato visual pode indicar mentira. Em geral, as pessoas fazem mais contato visual quando estão ouvindo do que quando estão falando. Os mentirosos às vezes fazem o contrário, na esperança de convencer o outro da sua honestidade e sinceridade.

Piscar demais indica nervosismo, o que pode ser um sinal de desonestidade. Piscar uma vez lentamente logo depois de uma mentira também "entrega" o mentiroso.

A boca

Muitos mentirosos têm um sorriso insincero, fixo, que não envolve os olhos. Eles também passam a língua nos lábios, engolem ou limpam a garganta com frequência. Isso porque o estresse de contar uma mentira faz com que fiquem com a boca seca.

Sorrir ou rir nervosamente em momentos inapropriados é sinal de incômodo, o que pode indicar mentira.

O nariz

Muitos mentirosos se sentem bem ao tocar, esfregar ou coçar o nariz. Essa é a versão adulta da criança que cobre a boca depois de contar uma mentira.

No próximo capítulo, vamos ensiná-lo a usar essas informações em diversas situações.

Capítulo 14

A LEITURA DO ROSTO NO DIA A DIA

Uma mulher conhece o rosto do homem que ama assim como um marinheiro conhece o mar aberto.
— HONORÉ DE BALZAC

A essa altura, tenho certeza de que você percebeu quanto pode ser vantajoso conhecer os tipos de rosto e as expressões faciais. Espero que já esteja fazendo uso desse conhecimento no seu dia a dia. Neste capítulo, vamos analisar algumas situações para lhe mostrar como essa habilidade pode ser útil.

Vendas

Quanto mais você "entender de gente", melhor será o seu desempenho na área de vendas. Se você participar de uma reunião de negócios, por exemplo, poderá identificar quem é que toma as decisões, ou quem é que dá as cartas. Às vezes é fácil identificar essa pessoa, pois é aquela a quem todos respeitam, e provavelmente também a mais falante. Porém, já participei de várias reuniões em que essa pessoa falou pouco, mas observou e absorveu tudo. Se eu não soubesse nada sobre leitura do rosto, eu a teria ignorado e, consequentemente, perdido a venda.

A pessoa que toma as decisões provavelmente tem maçãs do rosto proeminentes, nariz forte e queixo grande. Talvez não tenha todas essas características, mas em geral possui pelo menos uma delas.

Depois de avaliar isso, analise as três áreas horizontais do rosto e veja qual delas é a mais importante.

Se a área a partir da linha frontal do cabelo até acima das sobrancelhas for a maior, você terá de incluir a maior quantidade possível de informações sobre o produto, pois essa pessoa é fascinada por ideias. Se você descrever apenas as características do produto, não conseguirá efetuar uma venda.

Se a área das sobrancelhas até a base do nariz for a maior, você terá de se concentrar nos resultados e na maneira como o produto vai aumentar a lucratividade. Essa pessoa vai querer saber se o seu produto é mais rápido e mais fácil de usar e se vai representar uma economia para a empresa tanto em termos de tempo como de dinheiro.

Se a área da base do nariz até a ponta do queixo for maior, você terá de apresentar todos os fatos e explicá-los de uma maneira fácil de entender. Essa pessoa é competente, prática e pé no chão. Ela gosta de bater papo e também de analisar demoradamente uma proposta.

Depois de examinar as três divisões do rosto, veja as sobrancelhas. Se elas forem arqueadas, você terá de usar emoção na sua apresentação. Se forem retas, terá de fornecer informações práticas sobre os benefícios que você pode oferecer. Se forem angulares, terá de fazer perguntas e se concentrar nas respostas dadas.

Olhe o nariz. Lembre-se de que pessoas com narinas grandes sabem gastar seu dinheiro e não desperdiçam à toa.

Olhe os lábios. Pessoas com lábios finos tendem a se concentrar mais no trabalho que estão fazendo do que as de lábios mais grossos.

Observe a postura e as expressões faciais. A pessoa parece interessada? Está fazendo contato visual? Suas pupilas estão dilatadas, demonstrando interesse pelo negócio? Ela está sorrindo? Está franzindo a testa? Está com a fisionomia inexpressiva? Está balançando a cabeça em concordância?

Com essas informações, você poderá mudar a sua abordagem de modo a adequá-la ao cliente, melhorando imensamente seus resultados.

Entrevistas

Entrevistas podem ser extremamente estressantes. Por sorte, você pode usar o que aprendeu para transmitir uma impressão positiva, mesmo que esteja nervoso.

Entre na sala de cabeça erguida, com um sorriso verdadeiro nos lábios. Isso transmite a mensagem ao entrevistador de que você está feliz, otimista e confiante. No fundo, indica que você é uma pessoa entusiasmada, honesta e fácil de lidar.

Olhe nos olhos do entrevistador, senão ele vai supor que você está nervoso, ou então que é desonesto ou alguém em quem não se pode confiar. Mas é importante que não o encare, para não parecer agressivo. Em vez de encará-lo diretamente por longos períodos, deixe que seus olhos percorram o rosto dele, mas mantenha o olhar no nível do queixo ou um pouco acima.

Durante o aperto de mãos, sorria e olhe-o nos olhos. Ao se sentar, evite tocar o pescoço, o rosto ou o cabelo. Sente-se ereto na cadeira.

Preste atenção no entrevistador. Quando você sorri, ele retribui o sorriso? O sorriso dele envolve também os olhos? Se os olhos dele começarem a vagar enquanto você responde uma pergunta, é hora de parar de falar.

A expressão no trabalho

A linguagem corporal é tão importante no trabalho quanto em qualquer outro lugar. A sua postura, as suas expressões faciais e o seu grau de contato visual exercem uma grande influência na maneira como você é visto por seus colegas.

Numa empresa em que trabalhei há muitos anos, o diretor da área de vendas promoveu um dos representantes de venda a gerente. Sua escolha causou grande surpresa, pois todos tinham certeza de que o escolhido seria outro. Meses depois, num evento social da empresa, o diretor contou a um grupo de pessoas o porquê da sua escolha.

"Bill está sempre empertigado. Larry está sempre escorado em alguma coisa, e eu achei que isso demonstrava falta de energia. Por isso escolhi Bill."

Ninguém podia negar que ele tinha feito uma boa escolha, mas na época todos nós ficamos surpresos com o fato de ele ter baseado essa escolha na linguagem corporal dos dois candidatos.

No ambiente de trabalho, é importante fazer contato visual quando estiver conversando ou ouvindo, bem como, sorrir e manter uma expressão agradável. Nem sempre isso é fácil, pois todo mundo tem dias bons e dias ruins.

Observe a sua linguagem corporal e as suas expressões faciais por um ou dois dias. Você desvia os olhos quando está conversando com seu supervisor? Fica se mexendo o tempo todo ou toca o nariz a toda hora quando está conversando com os outros? Fica ereto e caminha de maneira decidida, sabendo exatamente aonde está indo e por quê está indo lá? Ou parece que está carregando o mundo nos ombros?

E, o mais importante, você parece feliz por estar trabalhando nessa empresa em particular? Uma expressão alegre o torna mais simpático, um bom contato visual o torna mais confiável e uma postura ereta o faz parecer fisicamente ativo.

Flerte

A maior parte das pessoas quer dividir a vida com alguém. Algumas encontram logo a pessoa certa, enquanto outras passam anos ansiando e esperando que ela apareça. Flertar é uma maneira divertida de expressar o interesse por alguém que você acha atraente. O flerte envolve ações verbais e não verbais e deve ser prazeroso para ambas as partes.

Eu tenho um amigo que é contra o flerte; ele acha que é desonesto. Talvez ele não seja a pessoa certa para falar sobre esse assunto, pois tem mais de 50 anos e ainda está solteiro. Acho que o problema dele é o medo da rejeição e do fracasso, e que por causa disso provavelmente ele perdeu centenas, senão milhares, de oportunidades de encontrar a mulher dos seus sonhos.

É claro que nem todo mundo vai retribuir o seu flerte, mas algumas pessoas vão. Assim como tudo o mais, existem riscos. Felizmente, você pode usar o seu conhecimento de leitura do rosto e das expressões faciais para eliminar grande parte desses riscos, enquanto, ao mesmo tempo, curte mais a vida ao conhecer um número muito maior de pessoas.

Sorrir é a coisa mais importante que você pode fazer. Faz com que você pareça mais amigável e acessível. Diz às outras pessoas que elas podem se aproximar de você sem que sejam rejeitadas. Além disso, faz com que você se sinta mais positivo, confiante e relaxado.

Obviamente o sorriso tem de ser genuíno. Há pouco tempo, eu estava tomando café numa lanchonete em que nunca tinha estado antes e fiquei fascinado com as expressões faciais do dono do estabelecimento. Ele servia as mesas com um grande sorriso nos lábios. Isso era bom, mas assim que tinha terminado a sua tarefa seu sorriso desaparecia, o que o fazia parecer insincero e desonesto. E essa é a última impressão que você quer ter quando procura um companheiro.

O contato visual é outro elemento essencial. Se você notar que alguém está olhando para você, retribua o olhar por três ou quatro segundos. Conte mentalmente até três, sorria e olhe novamente, dessa vez por um ou dois segundos. Faça isso várias vezes, se necessário. Quando sentir que o interesse é mútuo, vá até lá e puxe conversa.

Depois que vocês começarem a conversar, todos os elementos das expressões faciais entrarão em ação. Se essa pessoa prestar atenção em você, ouvir atentamente o que você diz e der boas respostas, ela está interessada em você. Se começar a consultar o relógio, olhar sobre o seu ombro, percorrer o ambiente com o olhar ou fizer alguma outra coisa que indique falta de interesse, é hora de seguir em frente.

No caso do flerte, há outro aspecto que é preciso observar: o hábito de "se embonecar". Tanto homens como mulheres fazem isso. Em geral, o homem coloca a mão no cabelo, ajeita a gravata ou o colarinho, esfrega o queixo ou passa a mão na bochecha. A mulher pode brincar com o cabelo, jogá-lo para o lado ou colocá-lo atrás das orelhas, massagear o pescoço, retocar o batom, mexer nos brincos ou ajeitar a roupa.

Quando eu disse a uma amiga que ia incluir esta seção no livro, ela comentou que é preciso estar disposto a dar o primeiro passo. "A maioria das pessoas é tímida demais para fazer isso", disse ela. "Dá para ver que elas querem fazer isso, mas se contêm. Se você der o primeiro passo, vai conhecer muito mais gente e se divertir muito mais."

Ocasiões sociais

Algumas pessoas adoram ser convidadas para festas, pois isso lhes dá oportunidade de conhecer outras pessoas e possivelmente fazer novos amigos. Outras odeiam festas, pois têm medo de não encontrar nenhum conhecido e ficar sozinha no canto.

As que pertencem ao primeiro grupo provavelmente já estão fazendo uso de uma boa linguagem corporal. Elas sorriem, fazem contato visual, balançam a cabeça quando estão ouvindo e têm uma postura aberta. A linguagem corporal do segundo grupo diz a todo mundo que elas estão pouco à vontade, nervosas ou que preferiam ter ficado em casa. Essas pessoas têm uma postura fechada (ficam de braços cruzados, mãos entrelaçadas ou então sentadas com os braços e as pernas cruzados ou com uma das mãos cobrindo a boca e o queixo), fazem pouco contato visual e não sorriem.

Se você está incomodado com a ideia de ir a um evento social onde conhece pouca gente, faça um pouco de pesquisa antes. Se possível, descubra alguma coisa sobre alguém que estará presente.

Não faz muito tempo, fiquei sabendo que uma mulher que projetava parques eólicos estaria presente numa festa para a qual eu tinha sido convidado. Pesquisei sobre o assunto na internet e pude fazer algumas perguntas interessantes e, espero, inteligentes sobre o trabalho dela.

Mantenha-se atualizado lendo jornais ou assistindo noticiários na TV, para que possa participar ativamente dos bate-papos. Além disso, pense em alguns comentários pitorescos sobre o seu próprio trabalho, pois é comum as pessoas perguntarem o que as outras fazem.

Quando chegar a uma festa, antes de entrar respire fundo, sorria, endireite o corpo e levante a cabeça. Não cruze os braços, e mantenha as mãos longe do rosto. Comece percorrendo o ambiente em busca de pessoas com uma fisionomia amistosa. Quando vir alguém que pareça aberto e simpático, aproxime-se faça um elogio ou simplesmente diga oi. Depois que a pessoa responder, apresente-se ou faça um comentário sobre a comida, a música, a quantidade de convidados ou qualquer outra coisa. Faça perguntas e ouça as respostas. Revele algo sobre você e deixe a conversa fluir naturalmente.

Se estiver num coquetel, junte-se a um grupinho de duas ou três pessoas que estão batendo papo. Chegue perto e preste atenção no que elas estão falando. Sorria, balance a cabeça e faça bastante contato visual. Na primeira pausa da conversa, faça um comentário ou uma pergunta. Obviamente, se você perceber que é uma conversa particular deve se dirigir para outro grupo, pois você não vai querer se intrometer na vida pessoal de ninguém, não é mesmo?

Naturalmente, pode ser que você não se identifique com a primeira pessoa com quem conversar. Nesse caso, vai querer encerrar a conversa depois de alguns minutos. É preciso fazer isso educadamente. Faça um comentário positivo sobre o que ela disse. Isso mostra que você estava prestando atenção. Em seguida, diga que vai procurar um amigo ou pegar algo para comer ou beber. Talvez você se ofereça para pegar uma bebida. Se fizer isso, volte com o copo, sorria e então se afaste.

Muita gente fica apavorada diante da possibilidade de encerrar uma conversa enfadonha, pois não conhece mais ninguém por perto. Se o papo não está legal, a melhor coisa a fazer é colocar um ponto final na conversa. Pegue outra bebida ou algo para comer e comece novamente a procurar um rosto amigável ou um grupo aberto.

Se você mantiver uma postura aberta e parecer feliz, vai bater papos agradáveis com muitas pessoas e se divertir. Talvez até se surpreenda ao ver que é um dos últimos convidados a deixar a festa.

Jogo de cartas

Já ouvi muita gente brincar, dizendo que se recusa a jogar pôquer com alguém de óculos escuros. Quando estava fechando um negócio, Aristóteles Onassis (1904-1975), armador e magnata grego, usava óculos escuros, mas não permitia que ninguém mais usasse. Isso porque os óculos escuros impediam que os outros percebessem quando suas pupilas se dilatavam. Se um jogador de pôquer tirar quatro ases, por exemplo, ele pode manter a fisionomia impassível, mas suas pupilas vão se dilatar, expressando sua satisfação e, consequentemente, denunciá-lo. Portanto, embora as pessoas riam disso, recuse-se a jogar com alguém que esteja de óculos escuros. É importante que você veja os olhos dos outros jogadores.

Talvez você tenha também de modificar o seu próprio comportamento habitual. É natural parecer satisfeito quando se tira uma boa mão no jogo, mas no pôquer você tenta blefar, parecendo feliz quanto tira uma mão ruim e chateado quando tira uma mão boa. Blefar não é tão fácil quanto parece, e muitos jogadores estão sempre tentando aprimorar suas habilidades de blefe. Você só deve blefar quando achar que tem boas chances de se dar bem.

Fique atento à sua própria linguagem corporal e veja se não está, inconscientemente, "deixando vazar" alguma informação aos seus adversários. Saiba que eles podem estar lhe dando dicas sem se dar conta disso, mas também podem estar enviando deliberadamente as informações erradas. Você precisa ter certeza de que essas dicas são autênticas, e não intencionais.

Faça o possível para ser você mesmo. Se de uma hora para outra você mudar o seu grau natural de contato visual ou começar a esfregar o nariz ou a coçar a orelha, seus adversários notarão e usarão isso a favor deles. Um amigo meu tem o hábito de tocar o nariz a toda hora. Se de repente ele parasse de fazer isso no meio de um jogo de pôquer, eu ia desconfiar.

Preste atenção disfarçadamente na linguagem corporal dos seus adversários. Com tudo o que aprendeu até agora, você saberá exatamente o que está acontecendo por trás da máscara ou da "cara de paisagem" dos seus parceiros de jogo.

Como você pode ver, conseguirá usar o que aprendeu neste livro no dia a dia. Quanto mais você usar seus conhecimentos de forma consciente, melhor se tornará. Com o tempo, você vai fazer isso naturalmente em todo tipo de situação.

CONCLUSÃO

*Infelizmente, depois de certa idade
todo homem é responsável por seu rosto.*
— ALBERT CAMUS

O fato de aprender sobre leitura do rosto e expressões faciais melhorou a minha vida de muitas maneiras. E tenho certeza de que vai melhorar a sua também. Você verá que essa habilidade será útil em todas as áreas da sua vida. Além disso, você passará a julgar menos as pessoas com base na aparência.

Há muitos anos, quando trabalhava como animador infantil, uma professora na escola onde eu costumava fazer apresentações comentou a respeito da minha escolha de crianças para ajudar no palco.

"Todas as crianças que você escolheu eram bonitas", disse ela. "Eu reparei que essas são as crianças que sempre são escolhidas. As que não são bonitas em geral são ignoradas." Ela então me contou que os próprios professores acreditavam que as crianças bonitas, bem-arrumadas e limpinhas eram mais encantadoras que as outras.

"Eu tive de aprender que isso não é verdade", prosseguiu ela. "As pessoas bonitas são mais bem tratadas em todos os lugares, desde a infância.

Você escolheu as crianças mais bonitas porque achou que elas eram mais inteligentes e se sairiam melhor. Da próxima vez, por que você não escolhe algumas crianças feias para ajudá-lo e veja o que acontece?"

Essa professora me fez refletir profundamente. Naquela época eu não sabia nada sobre leitura do rosto e expressões faciais, e não tinha me dado conta de que escolhia as crianças mais bonitas. No entanto, inconscientemente, eu tinha caído na armadilha de pensar que elas se sairiam melhor. Nunca tinha me ocorrido também que aquelas eram as crianças que todo mundo escolhia, e pelas mesmas razões.

Passei imediatamente a escolher crianças menos bonitas para me ajudar e descobri que, em geral, elas eram melhores do que as que eu escolhia antes. Como eram sempre preteridas nesse tipo de situação, elas ficavam agradecidas por terem sido escolhidas e se saíam muito bem.

Esse novo conhecimento me ajudou tanto nas minhas apresentações como em outros aspectos da vida, pois me ensinou a não julgar ninguém pela aparência. Eu tinha um ótimo mecânico de carros havia anos. As pessoas me diziam que jamais o procurariam, porque ele tinha cara de mau e um jeito sinistro. Uma vez, contratei uma jovem artista para fazer as ilustrações do livro que eu estava escrevendo. Ela ficou muito agradecida pelo trabalho e me disse que tinha dificuldade de arranjar trabalho por causa de uma pinta grande e feia que tinha na bochecha. Como a pinta era muito visível, ela ficava constrangida e insegura toda vez que tentava arrumar emprego. Esses são apenas dois exemplos de pessoas que talvez eu tivesse rejeitado injustamente antes de aprender a usar a leitura do rosto.

Eu já não acho, nem mesmo inconscientemente, que mulheres e homens bonitos são melhores e mais capazes do que outras pessoas que não foram abençoadas com a beleza. Você já reparou que os candidatos a cargos políticos considerados bonitos geralmente derrotam seus adversários menos atraentes? As pessoas bonitas são disputadas e recebem mais convites de emprego, arrumam mais encontros amorosos e – como bônus extra – têm relações sexuais com mais frequência. Entretanto, elas não são mais honestas, mais inteligentes nem mais amáveis do que as outras. A leitura do rosto vai ajudá-lo a ir além da aparência física e a enxergar as pessoas como elas realmente são.

É claro que eu descobri também que isso funciona ao inverso. Como as pessoas inconscientemente fazem suas escolhas com base na beleza, comecei a prestar mais atenção à minha apresentação pessoal, principalmente nas ocasiões em que estava vendendo a minha imagem e o que eu tinha a oferecer.

Percebi a mesma coisa quando comecei a estudar cinésica, sobretudo expressões faciais. A cinésica explicava muitas coisas que me intrigavam havia anos. Por exemplo, quando eu trabalhava na área editorial, no Reino Unido, tinha dois bons amigos que estavam no mesmo programa que eu. No final do programa, fui transferido para a Nova Zelândia, enquanto os outros dois disputavam o mesmo cargo na editora.

Bill era muito inteligente e adorava tudo o que se relacionava com o setor livreiro. Ele era diligente e trabalhador. Porém, era tímido, reticente e discreto. Como falava baixo e era muito reservado, as pessoas geralmente não davam atenção ao que ele dizia.

Mark, meu outro amigo, era completamente diferente. Ele tinha entrado para o ramo editorial porque seus pais tinham uma livraria, e ele achava que seria um bom treinamento antes de assumir o negócio da família. Mark tinha a maior coleção de piadas que eu já tinha visto e adorava contá-las, sem se importar se as pessoas queriam ou não ouvi-las. Ele falava alto, era entusiasmado e achava que todo mundo o adorava. Fiquei surpreso ao saber que ele queria ser editor. Sempre achei que ele deveria lidar com o público, pois gostava mesmo era de gente. Nenhum de nós sabia que uma terceira pessoa também se candidatara ao cargo. Brendan se dava bem com todo mundo. Era atencioso, educado e só falava quando sabia o que queria dizer. Ele olhava as pessoas nos olhos e tinha um sorriso encantador. Na época, eu tinha certeza de que Bill seria convidado para assumir o cargo, pois achava que ele tinha o perfil ideal para o trabalho. Sugeri a Mark que ele se candidatasse a uma vaga na área de vendas, mas ele insistiu que era perfeito para a função de editor. Para nossa grande surpresa, Brendan foi o escolhido. Fiquei perplexo. Brendan não era tão inteligente nem tão trabalhador como Bill, mas a sua linguagem corporal e a sua capacidade de se relacionar com todo mundo o tornaram a opção natural para o cargo.

Tenho certeza de que você já vivenciou situações semelhantes, em que a pessoa que usava a cinésica de maneira inteligente passou na frente de outras que não sabiam nada sobre isso ou que simplesmente não usavam cinésica. Depois que aprender a interpretar a linguagem oculta do rosto e das expressões faciais, você ficará em "sintonia" com as outras pessoas e saberá como elas raciocinam. Além disso, ficará mais receptivo, empático e compreensivo em relação a ideias e pontos de vistas divergentes.

Rebecca Scholl, excelente fisiognomonista, me disse que a maior descoberta que ela tinha feito com a leitura do rosto era que podia melhorar a sua própria personalidade e imagem. Ela tem sempre um sorriso de felicidade estampado no rosto, mas me disse que nem sempre está feliz. "Eu costumava franzir a testa com frequência", disse ela. "Um dia, quando estava estudando fisiognomonia, eu me olhei no espelho e fiquei horrorizada com o que vi. Comecei a sorrir praticamente do dia para a noite, mas levou muito tempo para eliminar todos os sinais de preocupação do meu rosto." Rebecca tem quase 80 anos de idade, mas aparenta ser 20 anos mais nova. "Isso se deve exclusivamente à mudança que fiz na minha vida depois de me ver – realmente me ver pela primeira vez – naquele espelho", afirmou ela.

Ao longo dos anos, tive a felicidade de conhecer muitos fisiognomonistas destacados. T'ai Lau, que me ensinou *feng shui*, era um brilhante fisiognomonista. Henry B. Lin, autor de *What Your Face Reveals*,* é outro exemplo. Provavelmente quem mais me fascinou foi uma americana de

---

* *O Que o Seu Rosto Revela*, publicado pela Editora Pensamento, São Paulo, 2000 (fora de catálogo).

meia-idade chamada Margaret Lamb, que morava em Cingapura. Fiquei intrigado com o fato de ela ter decidido ganhar a vida como fisiognomonista num país que já tinha um grande número de pessoas exercendo essa profissão. Eu a conheci em 1991 ou 1992. Depois que ela leu meu rosto, eu a convidei para jantar, pois queria saber mais sobre ela.

"No começo, eu lia auras", disse ela. "Fiz isso durante muitos anos, primeiro na Filadélfia e depois em Chicago. Eu me lembro exatamente quando comecei a prestar atenção no rosto das pessoas. Até aquele dia, eu era tão fascinada pela aura das pessoas que não prestava muita atenção no rosto delas. Um dia, eu li a aura de um homem que era espantosamente feio, mas que tinha uma aura linda, serena e espiritual. Eu não conseguia tirar os olhos dele. Em geral, fico feliz quando as pessoas saem depois da sessão, mas eu não queria que aquele homem fosse embora. Só queria ficar olhando para ele. Um ou dois dias depois, fui à biblioteca e peguei um livro sobre fisiognomonia. Achei fascinante, mas durante muitos anos não explorei muito o assunto. Mais tarde, quando meu casamento chegou ao fim, eu decidi ir à China para aprender leitura de rosto. Meus amigos me aconselharam a ir para Cingapura, em vez de para a China, pois eles disseram que lá eu encontraria professores que falavam inglês. Tive sorte e achei um bom professor. Eu ia ficar três meses, mas me apaixonei pelo país e, sete anos depois, ainda estou aqui. Faço leitura de rosto e de aura. Não sei se tem outra pessoa que faz isso, mas para mim faz muito sentido, e meus clientes parecem gostar. Quase todos são expatriados que moram aqui. Atendo alguns turistas e alguns chineses locais. Acho que eles me procuram por curiosidade."

Eu conheci muitas outras pessoas para as quais a leitura de rosto representa apenas uma pequena parte dos serviços que elas oferecem. Margaret é a única que eu conheço que combina leitura do rosto com outro sistema. As outras se dizem quiromantes ou tarólogas e incluem alguns minutos de leitura do rosto.

A maioria das pessoas aprende a ler o rosto e estuda expressões faciais por interesse próprio, mas há boas oportunidades para fisiognomonistas profissionais. No Oriente é fácil encontrar um, mas no Ocidente não é muito comum. Tenho certeza de que você terá muitos clientes, se decidir exercer a fisiognomonia profissionalmente.

Não tente aprender tudo de uma vez. Concentre-se, digamos, nas sobrancelhas durante alguns dias e depois passe para outra característica. Se você fizer isso durante algumas semanas, vai saber mais sobre leitura do rosto e características faciais do que a maioria das pessoas. Essas duas áreas são fascinantes, e quanto mais você aprender, mais úteis elas serão no seu dia a dia. Eu lhe desejo sucesso com ambas.

Apêndice

HISTÓRIA DA LEITURA DO ROSTO

Apesar do ditado "não julgue os outros pela aparência", as pessoas vêm fazendo exatamente isso há milênios. A arte de ler o rosto provavelmente nasceu na China há cerca de três mil anos. Existem registros que descrevem marcações atípicas no rosto de alguns dos primeiros imperadores chineses, mostrando que o interesse pelo assunto é antiquíssimo.

O livro mais antigo sobre leitura do rosto foi escrito por Gui Gu-Tze, filósofo e educador que viveu há cerca de 2.500 anos. Ele é considerado o pai da fisiognomonia chinesa.

Aos poucos, a leitura do rosto foi adquirindo importância cada vez maior na China. Durante a dinastia Tang (618-907 d.C.), um erudito chamado Zhong Kui tirou o primeiro lugar nos exames imperiais. Porém, como ele era muito feio, o imperador o desqualificou, e ele se suicidou.

Durante a dinastia Ching (1644-1911), os homens que não passavam nos exames imperiais de Terceiro Grau eram aceitos se tivessem um rosto propício. Esses exames eram muito importantes, pois o candidato aprovado era admitido no serviço público e desfrutava de uma carreira lucrativa. Os tipos propícios de rosto eram: largo e oblongo, largo e quadrado, estreito e oblongo e pequeno e oblongo.[1]

A fisiognomonia, arte de divinação baseada nos traços faciais, também era popular na Grécia antiga, onde parece ter surgido independentemente da tradição chinesa. Aristóteles (384-322 a.C.) escreveu um tratado sobre o assunto intitulado *Physiognomonica*. Num livro anterior, *Prior Analytics*, Aristóteles escreveu: "É possível inferir o caráter com base nos traços fisionômicos, desde que o corpo e a alma mudem juntos pelas emoções naturais... Quando falo em emoções naturais, eu me refiro às paixões e desejos.

Os filósofos árabes Averroes (1126-1198) e Avicena (980 a.C.-1037) expandiram as ideias de Aristóteles. Avicena explicou a arte da leitura do rosto em seu livro *De Animalibus*.

Alberto Magno (c.1200-1280) – filósofo, bispo e erudito alemão – foi o primeiro ocidental a escrever um livro sobre fisiognomonia. O primeiro livro impresso sobre o assunto foi *De Hominis Physiognomia*, de Michael Scot. Apesar de ser sido escrito em 1272, só foi publicado em 1477.

Na Idade Média, fisiognomonia e quiromancia eram disciplinas ensinadas nas universidades, até serem banidas pelo rei Henrique VIII, em 1531.

Diversos livros importantes sobre fisiognomonia foram publicados no século XVI, como *Physiognomonia*, de Barthélemy Coclès (Estrasburgo, 1533), *Physionomie* de Maître Michel Lescot (1540), *Chiromance,* de Jean d'Indagine (1549), e *De Humana Physiognomia*, de Gian Battista Della Porta (1586).

Girolamo Cardano (1501-1576) foi um médico, astrólogo, jogador e prolífico escritor italiano. Excêntrico e extravagante, ele usava uma esmeralda no pescoço, que levava à boca sempre que ouvia uma notícia ruim. Ele devia fazer isso com frequência, pois ao longo de sua vida acumulou um grande número de críticos e inimigos. Além disso, seu filho foi executado por assassinar a esposa. Acusado de heresia, Girolamo foi condenado pela Inquisição e passou algum tempo na prisão. Quando morreu, tinha

54 livros publicados e quase o mesmo número de textos prontos para publicação. E ele ainda tinha destruído cerca de 130 textos que não considerava suficientemente bons para serem publicados. A sua autobiografia só foi publicada em 1643. Girolamo Cardano criou um método de leitura das linhas da testa. Seu livro *Metoposcopia* foi finalmente publicado em 1658, quase oitenta anos após a sua morte, tornando-se extremamente popular.

O escritor e dramaturgo italiano Giovanni Battista Della Porta (1535-1615) tentou modernizar a fisiognomonia com seu livro *De Humana Physiognomia*, publicado em 1586. Nesse livro, ele afirmou que o caráter e as características faciais eram resultado de hereditariedade e temperamento, e não da influência dos planetas. Della Porta estava à frente do seu tempo ao escrever isso. Porém, infelizmente, no mesmo livro ele comparou o rosto dos seres humanos com o de animais. "Homens com cara de bode, assim como os bodes, eram burros", é um exemplo. "Homens com cara de leão, assim como os leões, eram fortes e destemidos", é outro. Consequentemente, seu livro atualizou a fisiognomonia e, ao mesmo tempo, retrocedeu-a um bocado.

Em 1697, John Evelyn, ensaísta inglês, escreveu *Digression Concerning Physiognomy*. Ele introduziu a ideia de que os "espíritos das paixões" moravam no cérebro. Ao pensar constantemente nessas paixões e agir de acordo com elas, os espíritos fluíam para vários nervos no rosto e, no final, as feições se tornavam "inalteravelmente fixas".

Johann Kaspar Lavater (1741-1801), ministro luterano suíço, autor de hinos e poeta, escreveu uma série de artigos sobre fisiognomonia, que foram compilados e publicados em 1772. Seu *Essays on Physiognomy*, publicado entre 1775 e 1778, tinha 2 mil páginas. O livro foi impresso originalmente em alemão, e logo depois foi traduzido para o francês. A primeira tradução na língua inglesa, em quatro volumes, foi publicada em 1804. Em 1810, havia dezesseis edições alemãs, quinze francesas, duas americanas, uma holandesa e pelo menos vinte inglesas.[3] Seu livro se tornou um enorme sucesso editorial e vendeu regularmente nos cem anos seguintes.

É em grande parte graças ao trabalho de Lavater que muitos autores do século XIX, como Honoré de Balzac, Charles Dickens, Thomas Hardy e Charlotte Brontë descreveram minuciosamente as características faciais dos personagens de seus romances.

O Retrato de Dorian Gray, de Oscar Wilde, usa aspectos da fisiognomonia, assim como muitos contos de Edgar Allan Poe.[4]

Johann Lavater foi pastor da igreja de São Pedro, a mais antiga de Zurique, de 1788 até a sua morte, em 1801, e foi enterrado lá. Ele foi morto pela bala de um atirador de elite enquanto cuidava dos feridos durante as Guerras Napoleônicas.

Um fato notável é que Charles Darwin (1809-1882), autor de *A Origem das Espécies*, quase foi impedido de embarcar no *HMS Beagle* por causa de Johann Lavater. Darwin escreveu o seguinte em sua *Autobiografia*:

"Depois de ficar bastante íntimo de Fitz-Roy [o capitão], eu soube que havia corrido um grande risco de ser rejeitado com base no formato do meu nariz! Ele era um ardente discípulo de Lavater e estava convencido de que podia julgar o caráter de um homem por suas feições; e duvidava que qualquer um com um nariz como o meu tivesse energia e determinação suficientes para a viagem. Mas acho que depois ele ficou bastante satisfeito pelo fato de eu ter 'desmentido' o meu nariz."[5]

No final da década de 1930, a força aérea japonesa contratou um fisiognomonista para estudar o rosto de todos os novos recrutas e determinar que tipo de trabalho seria mais adequado para eles. Como resultado disso, alguns se tornaram pilotos, por exemplo, enquanto outros se tornaram mecânicos, navegadores ou funcionários administrativos.[6]

A fisiognomonia nunca desapareceu por completo, mas perdeu prestígio durante muitos anos. Hoje, recuperou a sua popularidade, pois os pesquisadores mostraram que alguns traços do caráter, como honestidade e agressividade, podem ser facilmente identificados no rosto.

Um exemplo dessas pesquisas é mencionado num trabalho escrito por dois psicólogos: Anthony C. Little, da Universidade de Stirling, e David I.

Perrett, da Universidade de St. Andrews. Eles pediram para 191 pessoas responderem a um questionário que media o seu grau de abertura, conscienciosidade, extroversão, amabilidade e neuroticismo. Os psicólogos tiraram fotografias dos homens e das mulheres que obtiveram as pontuações mais baixas e mais altas no teste e usaram um computador para transformar as fotografias em quatro imagens compostas, criando um homem de pontuação alta, um homem de pontuação baixa, uma mulher de pontuação alta e uma mulher de pontuação baixa. Em seguida, os pesquisadores mostraram essas fotografias para quarenta pessoas e pediram que elas as classificassem em diferentes perfis de personalidade (amabilidade, conscienciosidade, extroversão, neuroticismo, abertura para experiências, atratividade, masculinidade e idade). Os resultados foram extremamente precisos, e as pessoas conseguiram dizer quais combinações eram confiáveis, quais eram extrovertidas e assim por diante. Esse experimento mostra que a personalidade é, pelo menos até certo ponto, claramente visível no rosto.[7]

Em fevereiro de 2009, um artigo na revista *New Scientist* disse o seguinte: "O campo está passando por um renascimento. Pesquisadores em todo o mundo estão reavaliando o que nós vemos num rosto, investigando se ele pode nos dar um vislumbre da personalidade de alguém ou até mesmo ajudar a moldar o seu destino".[8]

Além de estudar as feições faciais, as pessoas também vêm analisado a linguagem corporal há milhares de anos. Cícero (106-34 a.C.), filósofo romano, escreveu que as ações do corpo eram "os sentimentos e as paixões" da alma. Ele compreendia que a comunicação era composta de palavras, mas achava que a postura, as expressões faciais e os gestos também desempenhavam um papel importante.

John Bulwer publicou seu *Chirologia: The Natural History of the Hand,* em 1644. Esse livro discutia mais de cem diferentes gestos das mãos e seus significados. Quase duzentos anos depois, o livro de Gilbert Austin, *Chironomia* (1806), mostrava como os gestos podem ser usados para discursar melhor e falar com mais desenvoltura.

O célebre cientista Charles Darwin (1809-1882) estudou os seres humanos e os símios e ficou fascinado com a maneira com que ambos usavam as expressões faciais para expressar suas emoções. Seu livro *A Expressão das Emoções no Homem e nos Animais* foi um marco na etologia, o estudo do comportamento animal.[9]

A cinésica, o estudo dos movimentos corporais, inclusive as expressões faciais, foi criada na década de 1950 por Ray L. Birdwhistell (1918-1994), antropólogo do Eastern Pennsylvania Psychiatgric Research Institute. Seu primeiro livro sobre o assunto, *Introduction to Kinesics*, foi publicado em 1952.[10]

Paul Ekman (nascido em 1934), psicólogo da Universidade da Califórnia, estudou entrevistas filmadas de pacientes psiquiátricos que queriam voltar a conviver em sociedade. Ele confirmou a importância das "dicas não verbais" na detecção da mentira.

NOTAS

Introdução

1. Agatha Christie, *Murder on the Orient Express* [Assassinato no Expresso do Oriente] (Londres: William Collins & Sons, 1934), p. 22. Publicado nos Estados Unidos como *Murder in the Calais Coach* [Assassinato no Trem de Calais] (Nova York: Dodd, Mead and Company, 1934).

Capítulo 1

1. Donna McIntyre, "Body Language Key to First Impression". Artigo publicado no *The New Zealand Herald* em 15/06/11, B8.

Capítulo 3

1. Arcadam era o pseudônimo usado pelo autor de diversos livros de predições. O primeiro deles foi publicado em 1541. O autor provavelmente era Richard Roussat, médico e sacerdote que morava em Lion, na França. Ele foi listado como editor dos primeiros livros. Os livros foram publicados originalmente em francês e latim. A primeira tradução em inglês foi publicada em 1562.

Capítulo 4

1. Napoleão, citado em http://www.bartleby.com/78/569.html. Embora essa citação possa ser encontrada em muitos endereços na internet, não consegui confirmá-la. O mais próximo que encontrei foi: "Dizem que Napoleão era um 'narigologista' prático e que selecionava seus homens com base no tamanho do nariz". George Jabet, *Notes on Noses* (Londres: Richard Bentley, 1847), p. 43.
2. John Liggett, *The Human Face* (Londres: Constable & Company Limited, 1974), p. 221.

Capítulo 5

1. L. A. Doust, *Looking at Faces* (Londres: Frederick Warne & Co. Ltd., 1948), p. 18.
2. Richard Webster, *Communicating with the Archangel Gabriel for Inspiration and Reconciliation* (St. Paul: Llewellyn Publications, 2005), p. 15.

Capítulo 6

1. O título completo do livro de Girolamo Cardano é *Metoposcopia libris tredecim et octingentis Faciei humanae Eicomibus complexa; cui accessis Metampodia de Navis Corporis Tractalus Craecs et Latina nunc primum*

editus. O livro foi publicado originalmente em latim por Thomas Jolly, em 1658, e posteriormente, no mesmo ano, foi publicada uma tradução francesa. Dezenove das encantadoras ilustrações de *Metoposcopia* podem ser encontradas em *Illustrated Anthology of Sorcery, Magic and Alchemy* (Nova York: Causeway Books, 1973), de Émile Grillot de Givry (traduzido por J. Courtneay Locke), publicado originalmente em francês, em 1929.

Capítulo 8

1. Aristóteles, *Displaying the Secrets of Nature Relating to Physiognomy*. Disponível em: http://www.readbookonline.net/readOnLine/41021/.
2. Johann Lavater, *Essays on Physiognomy*. Disponível em: http://books.google.com/books/about/Essays_on_physiognomy.html?id=HMJDA3k2yOcC.

Capítulo 10

1. Eva Shaw, *Divining the Future: Prognostication from Astrology to Zoomancy* (Nova York: Facts on File, Inc., 1975), p. 143.
2. Rama Dayaju Panditudu, *Sanketa Nidhi Prachnina Jyothisya Grandamu*, Slokas ii–25, iv–16 e vi–5. Existem muitas traduções desse clássico livro indiano sobre astrologia. A mais fácil de encontrar no Ocidente foi publicada por: Nova Delhi: Ranjan Publications, 1994. O livro pode ser encontrado *on-line* em: http://www.astrovidya.com/Sanketa%20Nidhi.pdf.

Capítulo 12

1. Sigmund Freud, *Fragments of an Analysis of a Case of Hysteria*, 1905.
2. Ken Cooper, *Nonverbal Communication for Business Success* (Nova York: AMACOM, 1979), pp. 69-70.
3. Albert Mehrabian, *Silent Messages: Implicit Communication of Emotions and Attitudes* (Belmont, KY: Wadsworth Publishing Company, 1971). Consulte também: http://www.kaaj.com/psych/smorder.html.
4. Nathan J. Gordon e William L. Fleisher, *Effective Interviewing and Interrogation Techniques* (Burlington, MA: Academic Press, 2ª edição, 2006), p. 83.
5. Jonathan Cole, *About Face* (Cambridge, MA: The MIT Press, 1998), p. 50.
6. Daniel Goleman, *Emotional Intelligence* (Nova York: Bantam Books, Inc., 1975), pp. 13-20.
7. Roger E. Axtell, *Gestures: The Do's and Taboos of Body Language Around the World* (Nova York: John Wiley & Sons, Inc., edição revista, 1998), p. 65.
8. Paul Ekman, *Emotions Revealed* (Nova York: Henry Holt and Company, 2003), pp. 14-5.
9. John Nolte, *The Human Brain: An Introduction to its Functional Anatomy* (Filadélfia: Mosby, Inc., 1999), pp. 431-32.
10. Ken Cooper, *Nonverbal Communication for Business Success*, p. 75.
11. Gordon R. Wainwright, revisado por Richard Thompson, *Master Body Language* (Londres: Hodder Education, 2011), p. 6.
12. Dilys Hartland e Caroline Tosh, *Guide to Body Language* (Londres: Caxton Publishing Group Ltd., 2001), p. 108.
13. G. B. Duchenne de Boulogne (traduzido e organizado por R. Andrew Cuthbertson), *The Mechanism of Human Facial Expression* (Nova York: Cambridge University Press, 1990), pp. 277-79. (Publicado originalmente em francês em 1862.)

14. Nathan A. Fox e Richard J. Davidson, "Electroencephalogram Asymmetry in Response to the Approach of a Stranger and Maternal Separation in 10-month-old Children." Artigo publicado em *Developmental Psychology*, vol. 23 (2), março de 1987, pp. 233-40.
15. Peter Jaret, "Blinking and Thinking." Artigo publicado em *In Health*, julho/agosto de 1990, 4 (4), pp. 36-7.
16. R. B. Zajonc, S. T. Murphy e M. Inglehart, "Feeling and Facial Efference: Implications of the Vascular Theory of Emotion." Artigo publicado em: *Psychological Review* 96 (1989), pp. 395-416.
17. Stanley Milgram, "Behavioral Study of Obedience." Artigo publicado em *Journal of Abnormal and Social Psychology* 67 (4), 1963, pp. 371-78. Um relato muito mais completo desse experimento controverso e possivelmente antiético, junto com dezenove variações, pode ser encontrado em: Stanley Milgram, *Obedience to Authority: An Experimental View* (Nova York: Harper & Row, Inc., 1974).

Capítulo 13

1. Roger Dobson e Ed Habershon, "Liars don't blink: they keep still and concentrate hard." Artigo publicado em Londres: *The Sunday Times*, 19 de março de 2006. Disponível em: http://www.timesonline.co.uk/tol/news/uk/article742788.ece.
2. J. J. Teece, "Body Language of Criminals" (25 de fevereiro de 2009). Disponível em: http://www.bowdoin.edu/visitors-friends/bowdoin-breakfast/pdf/1-body-language.pdf.
3. "How to Tell if Someone is Lying." Artigo sem autoria, 8 de setembro de 2008. Disponível em: http://abcnews.go.com/GMA/Books/story?id=5747450&page=1.
4. Evan Marshall, *The Eyes Have It: Revealing Their Power, Messages, and Secrets* (Nova York: Citadel Press, 2003), p. 18.

5. R. E. Lubow e Ofer Fein, "Pupillary size in response to a visual guilty knowledge test: New technique for the detection of deception." *Journal of Experimental Psychology*: Applied, vol. 2 (2), junho de 1996, pp. 164-77.

Apêndice

1. Frena Bloomfield, *The Book of Chinese Beliefs* (Londres: Arrow Books Limited, 1983), pp. 142-43.
2. Aristóteles (traduzido por A. J. Jenkinson), *Prior Analytics*, Parte 2:27. Pode ser encontrado em muitos *sites*, entre eles: http://ebooks.adelaide.edu.au/a/aristotle/a8pra/.
3. John Liggett, *The Human Face* (Londres: Constable & Company Limited, 1974), p. 190.
4. Erik Grayson, *Weird Science, Weirder Unity: Phrenology and Physiognomy in Edgar Allan Poe*. Esse texto pode ser encontrado *on-line* em: http://binghamton.academia.edu/ErikGrayson/Papers/330818/WEIRD_SCIENCE_WEIRDER_UNITY_PHRENOLOGYAND_PHYSIOGNOMY_IN_EDGAR_ALLAN_POE.
5. Charles Darwin, *The Life and Letters of Charles Darwin* (Nova York: D. Appleton, 1887), p. 12. Disponível em: http://charles-darwin.classic-literature.co.uk/the-autobiography-of-charles-darwin/ebook-page-12.asp.
6. Boyé Lafayette De Mente, *Asian Face Reading: Unlock the Secrets Hidden in the Human Face* (Boston, MA: Journey Books, 2003), p. 8.
7. A. C. Little e D. I. Perrett, "Using Composite Face Images to assess accuracy in personality attribution." Artigo publicado no *British Journal of Psychology*, 98, pp. 111–26, 2007. Também disponível em: http://www.alittlelab.stir.ac.uk/pubs/Little_07_personality_composites.pdf.

8. Roger Highfield, Richard Wiseman e Rob Jenkins, "How Looks Betray Your Personality." Artigo publicado em *New Scientist Issue* 2695, 11 de fevereiro de 2009. Disponível em: http://www.newscientist.com/article/mg20126957.300-how-your-looks-betray-your-personality.html?full=true.
9. Charles Darwin, *The Expression of the Emotions in Man and Animals* (Londres: John Murray and Company, 1872).
10. Ray L. Birdwhistell, *Introduction to Kinesics* (Louisville: University of Louisville Press, 1952). Seu livro mais conhecido é *Kinesics and Context: Essays on Body Motion Communication* (Filadélfia: University of Philadelphia Press, 1970).

LEITURA RECOMENDADA

Alessandra, Tony e Michael J. O'Connor, com Janice Van Dyke. *People Smarts: Bending the Golden Rule to Give Others What They Want*. San Diego: Pfeiffer & Company, 1994.

Axtell, Roger E. *Gestures: The Do's and Taboos of Body Language Around the World*. Nova York: John Wiley & Sons, Inc., 1991. Edição revista e ampliada, 1998.

Beattie, Geoffrey. *Visible Thought: The New Psychology of Body Language*. Hove e Nova York: Routledge, 2003.

Birdwhistell, Ray L. *Kinesics and Context: Essays on Body Motion Communication*. Filadélfia: University of Pennsylvania Press, 1970.

Brooks, Michael. *Instant Rapport*. Nova York: Warner Books, Inc., 1989.

Cole, Jonathan. *About Face*. Cambridge, MA: The MIT Press, 1998.

Collett, Peter. *The Book of Tells: How to Read People's Minds from Their Actions*. Londres: Bantam Books, 2004.

Darwin, Charles. *The Expression of Emotion in Man and Animals*. Londres: John Murray, 1872.

De Mente, Boyé Lafayette. *Asian Face Reading: Unlock the Secrets Hidden in the Human Face*. Boston: Journey Editions, 2003.

Douglas, T. S. *Learn to Read Character*. Londres: Pan Books Limited, 1963.

Drozdeck, Steven, Joseph Yeager e Linda Sommer. *What They Don't Teach You in Sales 101: How Top Salespeople Recognize and Respond to Nonverbal Buying Signals*. Nova York: McGraw-Hill, Inc., 1991.

Ekman, Paul. *Emotions Revealed: Recognizing Faces and Feelings to Improve Communication and Emotional Life*. Nova York: Henry Holt and Company, Inc., 2ª edição, 2007. Publicado originalmente em 2003.

_____. *Telling Lies: Clues to Deceit in the Marketplace, Politics, and Marriage*. Nova York: W. W. Norton & Company, Inc. Reimpresso com um novo capítulo em 2009. Publicado originalmente em 1985.

Fast, Julius. *Body Language*. Londres: Souvenir Press Limited, 1971.

Glas, Norbert (traduzido por Pauline Wehrle). *Reading the Face: Understanding a Person's Character Through Physiognomy*. Forest Row, UK: Temple Lodge Publishing, 2008. Publicado originalmente em alemão em 1961.

Gordon, Nathan J. e William L. Fleisher. *Effective Interviewing and Interrogation Techniques*. Burlington, MA: Academic Press, 2002. Segunda edição, 2006.

James, Judi. *Poker Face: Mastering Body Language to Bluff, Read Tells and Win*. Nova York: Marlowe and Company, 2007.

Knapp, Mark L. e Judith A. Hall. *Nonverbal Communication in Human Interaction*. Sétima edição. Florença: Wadsworth Publishing, 2009.

Lieberman, David J. *Never Be Lied to Again*. Nova York: St. Martin's Press, 1998.

_____. *You Can Read Anyone: Never Be Fooled, Lied To, or Taken Advantage of Again*. Lakewood: Viter Press, 2007.

Liggett, John. *The Human Face*. Londres: Constable & Company Limited, 1974.

Lin, Henry B. *What Your Face Revels: Chinese Secrets of Face Reading*. St. Paul: Llewellyn Publications, 1999. [*O Que o Seu Rosto Revela: Os Segredos Chineses* da Leitura do Rosto, publicado pela Editora Pensamento, São Paulo, 2000.] (Fora de catálogo).

Lip, Evelyn. *The Chinese Art of Face Reading*. Cingapura: Times Books International, 1989. Edição revista publicada por Cingapura: Marshall Cavendish International, 2009.

Marshall, Evan. *The Eyes Have It: Revealing Their Power, Messages, and Secrets*. Nova York: Citadel Press, 2003.

Mehrabian, Albert. *Silent Messages: Implicit Communication of Emotions and Attitudes*. Belmont: Wadsworth Publishing Company, 1971.

Meyer, Pamela. *Liespotting: Proven Techniques to Detect Deception*. Nova York: St. Martin's Press, 2010.

Miller, Gerald R. e James B. Stiff. *Deceptive Communication*. Londres: Sage Publications Limited, 1993.

Morris, Desmond. *Bodytalk: A World Guide to Gestures*. Londres: Jonathan Cape, 1994.

_____. *Manwatching: A Field Guide to Human Behavior*. Nova York: Harry N. Abrams, 1977.

Navarro, Joe, com Marvin Karlins. *What Every Body is Saying: An Ex-FBI Agent's Guide to Speed-Reading People*. Nova York: HarperCollins, 2008.

Nierenberg, Gerald I. e Henry H. Calero. *How to Read a Person Like a Book*. Nova York: Pocket Books, 1971.

Pease, Allan e Barbara Pease. *The Definitive Book of Body Language*. Londres: Orion Books Ltd., 2004.

Rosetree, Laura. *I Can Read Your Face*. Silver Spring: Aha! Experiences, 1988.

Rosetree, Rose. *The Power of Face Reading*. Sterling: Women's Intuition Worldwide, 2001.

Shea, Andy e Steve Van Aperen. *The Truth About Lies: Uncovering the Fact from the Fiction*. Sydney, Austrália: ABC Books, 2006.

Wainwright, Gordon R. *Master Body Language*. Londres: Hodder Education, 2011.

Impresso por :

gráfica e editora
Tel.:11 2769-9056